男子のための
ラブテクニック

ピンク先生

池田書店

装画　師走の翁
装幀　ウチカワデザイン

はじめに

——あなたも素敵な恋ができます！

「あたりまえ！」とうなずいた方、「マジ？」と半信半疑な方、「俺にはムリ……」と後ろ向きの方、「別に恋なんかしたくないし……」とひねくれてみた方、「いやいや。もうしているし！」と首を横に振った方……、あなたはどのタイプでしょうか？　このなかに、答えがない方もいるかもしれませんね。

　このような単純なメッセージでも、人によって受け取り方はさまざま。生まれ持った個性、育ってきた環境、現在の置かれている状況などで、思いは違って当然です。しかし、多くの恋愛マニュアルやモテ本では、受け取る側の心境や状況はそっちのけで、「男は積極的であるべき」「女はこういう生き物だからこうするべきだ」

などと、「男とは」「女とは」という切り口で、ひとつの正解がうたわれる傾向にあります。やるべきことは明確なほうがいいだろうという考えは分かります。しかし、

あんなふうに僕はなれない。なさけない……。

最初はうまくいっても、結局は途中でダメになってしまう。実力不足だ……。

こんなふうに、自信喪失する男性、恋愛に積極的になれない男性、心のシャッターを下ろしてしまう男性を、ゾクゾクと生み出しているのも事実です。

本書は、色々な情報の森で迷い、失敗や不安を回避するため恋に臆病になってしまった男性や、「恋したい」「いつか結婚したい」「好きな女性を喜ばせたい」と願う、ピュアな男性に向けた本です。童貞くんも、もちろんのこと。

紹介するのは４７６個のヒント。冒頭でふれたように、状況も考え方も違う男性

たちが、自分に合った方法を確実に選べるように、そして、女性にも色々な考え方があり「万人が落ちるテク」なんて存在しないのですから、バリエーション数で勝負。また、〝気軽に試したくなること〟を最も意識してまとめました。筆者は女性ですが、「これをすればいいんでしょ?」というような、横柄な態度でこられても、まったくキュンとしないのですから、「提案」として優しく差し出す感じで。

だからこそ、試したくないことはしなくていいのです。レストランで好きなメニューを選ぶように、気になるもの、気に入ったものだけをチョイスして。頼んだものが口に合わないことがあるように、イマイチな結果になることもあるかもしれません。それは現在のあなたに合わないだけ。別の方法を試してみましょう。気軽にできることばかりなので、リトライもおっくうではないはずです。失敗と成功体験を繰り返すうちに、あなたにピッタリの素敵な恋人が必ず見つかるでしょう。

さあ、これまでになかった、日本一やさしい恋愛ブックの始まりです。

Prologue

恋愛がうまくいかない……、恋愛できない……。そんな男性の特徴とは？

「あなたが思う、恋愛ができない男性のイメージとは？」

恋愛下手を自称する男性に聞いてみました。出た答えは「コミュニケーション下手」「ワガママ」「精神的に弱い」「人間不信」「自分に自信がない」……などなど。

初めにハッキリ言います。現実はイメージ通りではありません。

筆者は、恋愛＆セックスの取材を行うライター業と並行して、女性だけで悩みや疑問を語り合うお茶会のファシリテーターを7年以上継続中。ゆえに、女性の恋愛事情、女性が抱える悩みに精通していると自負しています。

ある主婦は「夫は人見知りで、他人とのコミュニケーションが苦手。だから自宅でできるパソコン関係の仕事を選び、外に出かけるのは月に1〜2回」と言っていました。別の女性は「彼は精神的に弱く、仕事で嫌なことがあると1週間は落ち込む」と話してくれました。また、インターネットの掲示板をのぞくと「料理に対して、文句ばかり言う」「家事をまったく手伝ってくれない」など、ワガママ夫に対する相談をたくさん見かけます。

このように「恋愛ができない男性のイメージ」の要素を持った人でも、恋愛&結婚をしている人はたくさんいることが分かります。つまり文頭のネガティブな要素を「恋愛ができない原因」だと断定することはできません。

では、リアルに恋愛ができない・うまくいっていない男性とは、どのような要素を持っているのでしょう？　それを知るため、18歳から40代までの、童貞、または、ほとんど恋愛経験のない男性たちと、時間の許す限りコンタクトをとってみました。実際に会って話をしたり、合コン後の反省会に潜入したり、アンケート調査を行なったりするうちに、彼らに共通する特徴に気づきました。

1　自信がない

「僕なんかに話しかけられたら迷惑だと思う」「僕なんか存在価値がない」。恋愛下手を自称する男性からは、こういった自信のなさが顕著に表れたセリフをよく聞きました。突っ込んで話を聞くと、小学生のころに目の前でラブレターをビリビリに破られた、好きな人にこっぴどくふられたなどの、キズついた恋愛経験。または、いじめや、からかわれた経験など、人格を否定されるようなツラい過去があった男性が多く、それが自信喪失感に繋がっているようでした。

2　不安感が強い

「告白して断られるのが怖い」「つき合ったら、自分の時間がまったくなくなるのではないかと不安」「初エッチで、失敗しないか不安」など、恋愛や性に対する不安感が強いのも特徴的でした。それって裏を返せば「告白は成功しないといけない」「自分の時間をキープできないといけない」「失敗してはいけない」という思いが強過ぎるとも言えます。もしくは、経験が少なく、恋愛に関する情報が少ないがゆえに、漠然とした不安感を引き寄せているのかもしれません。

3　恋愛に対するハードルが高い

「積極的でなければ恋愛はできない」「会話が面白い男でなければ恋愛はできない」「マメな男でなければ恋愛はできない」など「〜でなければ」という発言が多く、

恋愛をするためのハードルが高過ぎるのではないかとも感じました。これは、恋愛マニュアルなどを読んだことがある男性に多い傾向で、マニュアル通りにできない自分に絶望感を感じているのかもしれません。

4　女性との接点が少ない

小学生のころから女の子と話すきっかけがなかった、中高続けて男子高だった、アニメの女の子に夢中になってしまった……などなど。リアルな女性と接する機会をあまり持たないまま成長し、女性との接点がないというケースも見られました。
また、テレビや雑誌のなかの特別な女性しか知らないため、理想が高くなり過ぎて、目の前にいる女性が目に入らなくなっているような印象も受けました。

以上の特徴から、彼らを分析してみましょう。

「1 自信がない」「2 不安感が強い」の原因は、過去の何らかの出来事が関与しています。失敗した経験などから「どうせふられる」「失敗したら大変だ」と学習し、「ムダな労力は使わないため」「二度と失敗をしないため」という反応とも言いかえられます。つまり「1 自信がない」「2 不安感が強い」に関しては、大きなダメージを受けず、心と体力のムダを省いて生きるための「防衛反応」だと言えるのではないでしょうか。そう考えると、これら2つの要素は、生きるために身に着けた防具のようなもの。でも、自分で着込んだ防具なので、自らその鎧を脱ぐこともできるのです。この機会に、気分新たに、軽めの防具に着替えていってもいいのではないでしょうか。

残りのふたつ、「3 恋愛に対するハードルが高い」「4 女性との接点が少ない」という要素を持っていると「恋愛は難しい」「女性の扱い方は難しい」という考え方に陥りがちです。これも、恋愛でキズつかないための「防衛反応」が生み出しているのかもしれませんが、恋愛がしたいのなら、本当に「恋愛は難しい」「女性の扱い方は難しい」のかを、実際に自分で行動し、確かめる必要がありそうですね。その方法は本書を読めば分かるはずです。

恋愛下手を自称する男性の内面を探ってみたら、「本当は完璧にしたい」という思いが強く、実は真面目で誠実な「内面イケメン」だということが分かりました。本書は、そんな内面イケメンのみなさんに向けた、恋愛のきっかけを見つけていただくためのものです。そして、もうひとつの目的は、素敵なシングル女性のため。なぜって、既婚者の自分が悔やむほど、取材させていただいた男性たちがピュアで信頼できたから。

みなさんを世の女性たちにおすすめしたいので、そろそろ恋愛、始めましょう♥

前編

セックス以前のはなし

Chapter 1
恋ができる男になる

これまでの価値観を打破し、自分らしい恋をする

「あなたが恋人をつくらない理由を教えてください」

10代後半〜40代のシングル男性へ質問してみたところ、反応は以下の通り。

「つくらないのではなく、つくれない！」「同世代の女性と話せない」「出会いのきっかけがない」「自分の時間やお金を奪われてしまいそうだから」「興味がない」「告白してふられた」「恋人がいなくても何の支障もない」……。

続いて「恋人ができる男性のイメージ」も聞いてみました。

「心身ともに健康」「女性の気分をよくさせる」「自信がある」「無意識に優しくできる」「聞き上手」「ロマンチスト」「多趣味」「社交的」「明るい」……。

恋人ができる男性には、とてもポジティブな印象があるようですね。おのずと、恋をしていない自分のことを語るときのテンションは、すこぶる低め。

　多くの女性の恋愛事情を取材してきた立場から言わせていただくと、女性たちがみんな「恋人ができる男性のイメージ」通りの人とつき合っているかといえば、そんなことは、まったくありません。まったくです（強調したいので2回言いました）。

　むしろ、「彼氏がひ弱で困っている」「ロマンティックなことを全然言ってくれない」「彼は自分に自信がなくて……」「私の話を聞いてくれない……」など、彼氏に対する愚痴をい～っぱい聞いてきました。逆に、とっても素敵な女性が「くそ真面目な男」「不器用な男」「うつ病だった男」「童貞」などなど……ネガティブだと思われている要素を持っている男性とゴールインする姿もたくさん見てきました。

　もしも今あなたが、自分は恋愛ができない！　と思っているのならば、それは思い込み。自分に合う女性＆つき合い方が見えていないだけです。

メンタルの準備運動

これまでのあなたは、「恋愛とはこうあるべき！　こんな男にならないとダメ！」というふうに、恋のハードルを高く設定していたはず。ハードルが高いほど、恋愛はもちろん、女性と話すことすら臆病になってしまいがち。まずは、あなたを縛っている恋愛観と恋人ができる男のイメージ像を見直し、恋のハードルを下げましょう。メンタルと向き合うと、最初は不快感や嫌悪感が出てくるかもしれません。しかし、それは新しいことを受け入れる前に起きる心の防衛反応。逃げずに向き合い、感じ切ってみてください。

001　理想のカップルをイメージする

ゴールをイメージできなければフルマラソンは完走できませんよね。恋愛も同じく、恋愛している自分のイメージが湧かなければ、スタートすらできないでしょう。そこで、身近にいる理想の夫婦・カップルを観察することから始めましょう。

002　理想の女性をリセットする

「理想のカップルをイメージする」と伝えましたが、「理想の女性」は、イメージしなくてよろしい。相手に対する理想を持ち過ぎると、食わず嫌いで損をするように、フィーリングが合う女性をみすみす見逃してしまうことになりかねません。

003　恋愛は足かせではない

本気なのか、言い訳なのか分からないのですが、「恋愛をするとお金がかかる」「恋愛をすると自分の時間がなくなる」と発言する男性がいます。ズバリ言います！　お金も時間も、使うのはあなた。自分で調整できる行為です。

004　初恋から探ってみる

自分はどんな女性と合うのかな？　と考え込んでしまったら、初恋の相手を思い出してみましょう。子供の素直な心で「いいな」と思う女性は、あなたがリラックスした状態で向き合える、相性のいいタイプであることが多いのです。

005　過去を受け入れる

何度も告白したけど全部ふられた！　女性に「キモイ！」と言われた、などのヘコんだ経験があれば、恋愛から逃げたくなるのも当然です。しかし、何度も転んで自転車に乗れるようになったように、失敗の経験は未来の成功に続いています。

006　「嫌われたくない」感情をケア

女性に嫌われるのが怖い場合、その感情はどこからきていると思いますか？　「過去の経験」です。大きな挫折、いじめなどの経験があると、過剰に人から嫌われるのを恐れる傾向に。過去の自分に「もう大丈夫」だと言ってあげて。

007　不安感とうまくつき合う

断崖絶壁にいるとき不安感に支配されるのは「危ない！」という防衛反応。恋愛に不安感があるときも、キズつかないための反応です。でも恋愛では、断崖絶壁から飛び降りるほどのダメージは受けません。不安感とはうまくつき合って。

008　両親・親戚を取材

恋愛に対して前向きになれないのならば、自分が生まれたときのことを、両親や親戚に聞いてみましょう。どれだけ祝福されて、どれだけ大切に扱われていたかが分かってきたらおのずと愛し愛されることに自信が湧いてきます。

009　父親を反面教師にしない

恋愛に縁がないのは、父親との関係性が関わっていることも。幼いころ、父親が家にいなかった、あるいは父親が虐げられていた家庭で育ったことで、「あんなふうになりたくない」と意識し過ぎているのです。あなたと父親は別の人間です。

010　母親の発言に縛られない

「これはダメ！」「あれは危険！」と、先回りして注意を促してくれる、過干渉気味の母親の存在は、極端に失敗を恐れたり、自信喪失に繋がったりもします。あなたはもう、自分で何でも決められる大人です。母親の呪縛は解きましょう。

011　「寂しい」を認める

男は「寂しい」「悲しい」「辛い」などネガティブな言葉を言ってはいけない！　と決めつけていませんか？　寂しいときは「寂しい」と言っていいんです。そういう弱い部分を見せられることで、グッとくる女性は少なくありません。

012　動植物の世話をする

動物の世話や、植物を育てる行為をしてみましょう。自分がいなければ生命を維持できないものとふれ合うことで、自分の価値を見出す方法です。普段、ほとんど人と絡むことがなければ、まずはここから始めてみるのもいいでしょう。

013　「らしさ」の見直しをする

自分では気づかないうちに「男性らしさ」「女性らしさ」に縛られて恋愛のハードルを上げていることも。小柄で男らしくない自分はダメだ、メイクもせず女らしくないあの子はダメだ……、なんてふうに。その人らしさを重視しましょう。

014　積極性を疑問視してみる

積極的な男性を好む女性もいますが、そういう男性に対し「私が相手でなくてもいいのでは？」と不安になる女性も存在します。自分からアプローチするのが好きという女性も。積極的でなければいけないという考えは、手放してOK。

015　ときにはセラピーも

ひどくキズついた経験を誰にも打ち明けられず、心の奥に秘めたまま生活していると、恋愛以前に人づき合いが苦手になることがあります。しまい込んでいる感情を取り出すような心理セラピーやカウンセリングが効果を発することも。

016　話し上手にならなくていい

面白いことを言わなければいけない、軽妙なトークをしないとモテない、と考える男性は多いですが、見当違いです。話が上手な男性を「軽薄だ」ととらえる女性もいますし、逆に口下手な男性を「真面目でいい」という女性もいます。

017　リードにこだわらない

「男性は女性をリードしなくてはいけない」、これもまた思い込み。筆者は女性ですが、デートのコースも、レストランも、自分で決めたいと常々思っています。自分で行きたいところを決めたいから、リードされるのは苦手なのです。

018　お金は必須ではない

「今の僕が恋なんかしたら、お金がなさすぎて死んでしまう」と18歳男子がポツリ。恋にはお金がかかると思っているのか、「お金がないから」を言い訳に恋愛から逃げたいのでしょうか？　貧乏でも恋はできます。

019　ドン底の経験を大切にする

今あなたが恋愛ができなくて苦しんでいるなら、むしろラッキー！　自分や相手、社会を責めたり、希望を捨てたり。それは、苦しんでいない人の何十倍も、思考・考察力が増しているということなのでは？　そこに惹かれる女性は必ずいます。

020　モテ本はうまく利用する

本書もその一種ですが、モテ本や恋愛マニュアルは、読むときにポイントがあります。それは「これさえやればうまくいく！」と過信しないこと。料理レシピをアレンジして自分流にするように、恋愛マニュアルだって自己アレンジを。

021 仕事に熱中してみる

恋愛のことを考えるほど「できてない自分」にフォーカスし、自信喪失してしまいがちです。そんなときは気分を変えて、仕事に熱中しましょう。充足感が得られると気持ちも明るくなり、恋愛に対してもラフに向き合えるようになります。

022 「オタク」を言い訳にしない

「きちんとした役職についていて、妻も子供もいるオタクの友人がいる」ことを、「オタクだからモテない」と言っている男性に伝えると、パッと顔が明るくなりました。オタクを魅力的だととらえる環境は、想像以上に整っているものです。

023 ガラクタを捨てる

女性と親密になれないなら、物を整理するのもいい。溜め込む人は、不安感が強い傾向があるからです。不安感は防衛反応ですが、強過ぎると他人を寄せつけないバリアに。そこで物をスッキリさせることで、不安感も一掃しようというわけ。

024 苦手を告白する

「高所恐怖症」「昆虫が怖い」など、苦手なことがあり、「自分は情けない」と否定していませんか？　それなら頑張って身近な人たちに打ち明けてみましょう。全員が「情けない」と言うことは絶対ありえません。自己肯定できるでしょう。

025 消極性は悪くない

積極的に行動しない、女性にガツガツしない、このような男性の消極性は、デメリットだと言われる傾向。いやいやメリットだってあります。積極的なガツガツ男子に抵抗感のある女性は、「消極的な男性の方が信頼できる」と言っています。

026　コミュニケーション下手を武器にする

「人とうまく話せない」「人の目が見られない」そんなコミュニケーションの不器用さは武器になります。人と関わるときの緊張感、不安感などを知っているあなたは、それを知らない男性よりも、女性の気持ちに寄り添うことができます。

027　周りはそこまであなたに興味はない

ふられて笑われたり、噂をたてられたりするのが怖くて恋愛に踏み出せないかもしれません。しかし、周りの人はあなたにいつも注目しているのでしょうか？　学生ならまだしも、大人になっているなら、みんな自分のことで精いっぱいです。

028　失敗しよう

「失敗は成功のもと」ということわざは、恋愛にも当てはまります。告白してふられたり、交際して別れたりするうちに、自分にはどんな女性が合うのか、どんなつき合い方が合うのかが見えてくるものです。買ってでも、恋の失敗を！

029　「絶対」をやめる

「絶対大丈夫だと思えないと、口説けない」「あの子とつき合うなんて絶対ムリ」こんなふうに、「絶対」を多用していませんか？　今日から「絶対」をつけて自分を否定するのをやめましょう。そうすることで、自分を信じる力を取り戻せます。

030　「普通」を捨てる

「普通、メールは毎日するものだ」「普通、男性が告白するものだ」など、絶対的ではない「普通」にとらわれていませんか？　恋愛は、違う価値観を持つ者同士が一緒にいること。一般的な「普通」なんて、当てはまらないのが普通です。

031　非日常的な環境に身を置く

断食施設、禅修行、言葉の通じない国へ行くなど、非日常的な環境にしばらく身を置いてみましょう。限界や感謝を知る、自分と向き合う、必死になるなどの特殊な体験をすることで、視野が広がり、恋愛を気楽に考えられるようになります。

032　男の集団で殻を破る

部活やサークルなど、男の団体に属すことで、自分の殻を破れ、恋愛に能動的になれたという声もあります。先輩にお膳立てされて初体験をする、みんなでオナニーをするなど、やったことのない経験をすることで、自信に繋がるのでしょう。

033　合コンは行くことに意味がある

合コンにはいい出会いはない！　確かにそうかも。しかし行くことはムダではないと思います。友人に合コンに行ったおかげで結婚できた人がいます。合コン相手が気に入らな過ぎて、別で紹介された相手をすこぶるよく感じたんだとか。

034　セクハラの定義を知る

体にふれる行為だけでなく、結婚・出産について聞くなどの言動も、セクハラ(性的嫌がらせ)と言われる時代です。「セクハラが怖くて女性に近づけない」なら、法律事務所のサイトなどで、セクハラの定義を調べておきましょう。

035　恋人がいるか聞かない

「気になる女性ができたら、恋人がいるか聞いていいもの？」と悩む男子には「聞かなくてよし！」と伝えます。恋人がいると聞いてあっさり引き下がるくらいなら、聞かずにアタックしてふられるほうがいい。その理由はNo.028 (P28) にて。

036　マメでなくてもいい

「女性にはマメでなければいけない」と重荷に感じていませんか？　マメさを求める女性は不安感が強い傾向にあるため、マメに連絡をしていても、なんやかんや不安をぶちまけてきます。だから、相手に振り回されず自分のペースでOKです。

037　恋愛経験なしの強みとは

女性がやらなきゃいいのにやりがちなことに、彼氏の元カノと比べたり、思い出を聞いたりすることがあります。それを男性が話すと、ヤキモチを焼いて発狂したりするのです。女性にそんな嫉妬をさせないのは、恋愛経験がない男の強み。

038　20代男性と40代女性の恋

「20代男性と40代女性は性欲の相性がいい説」があるので、参考にするのもいいでしょう。理由は、性欲を左右するテストステロンの分泌が、男性は10代後半から30代にかけてピークなのに対し、女性は30代半ばから活発になるから。

039　初デートはスタートです

気になる女性とデートの約束ができたら、天にも昇りたくなるような気分になり、あわよくばキスを……と、はやる気持ちは分かります。でも、丁寧に関係性を築いていきましょう。初デートはスタートですから焦らないで。

040　やせ我慢をやめる

「恋人なんて必要ない！」と、言いふらしていませんか？　本当は恋人がほしい、恋人がいたらいいなと思うなら、素直になってみましょう。ヘリクツ男には女性は近寄りがたいもの。「必要ない」と口に出さないだけでも、流れは変わります。

041　パーソナルスペースを確認する

他人に近づかれると不快に感じるスペースを、パーソナルスペースといい、一般的に女性より男性のほうが広いと言われています。接する相手によって、その距離が違うことを確認してみると、自分に合う人が見つかりやすくなるでしょう。

042　甘えてナンボ

「人に甘えてはダメ」と育てられてきたかもしれませんが、恋愛関係においてはその考えは捨てて。迷惑をかけないようにと自分で何でもやり過ぎず、ときには相手に甘えましょう。人の世話をすることで、喜びを感じる女性は多いものです。

043　コンプレックスを打ち明ける

背が低い、運動神経が悪いなどのコンプレックスは隠さなければいけないのでしょうか？　話したくないことを話してくれたとき、筆者なら「私を信用してくれているんだ」と嬉しくなります。そこから恋愛に発展したこと、大いにあります。

044　さまざまな愛のカタチを許す

世の中には同性愛者、男女ともに関係を持てる両性愛者（バイセクシャル）、戸籍上の性に違和感を持っている性同一性障害の人などがいて、さまざまな愛のカタチがあります。絶対に女性と恋愛！　とこだわる必要はないのかもしれません。

045　性的欲求がない人もいる

恋愛感情、性的欲求を抱かない人を「無性愛者（アセクシャル）」、恋愛感情はあっても、性的欲求を抱かない人を「非性愛者（ノンセクシャル）」と言います。色々な性的指向を知っていることは、自分らしい恋愛の発見に繋がることも。

ルックスを、モテない言い訳にしないために

恋愛がうまくいかない原因を「ルックスが悪いから」だと思っていませんか？ 女性の好みは千差万別で、キムタクのようなイケメンが好きな人もいれば、イケメンが苦手だという人もいます。また、「好きになった人が好き」という、見た目にこだわらない女性だって多いんです。つまり「あなたのことが気になったら、あなたのルックスも大好きになっちゃった♪」と言われることだってあるのです。ここでは、簡単なケア方法を知る＆ルックスの思い込みをとり除くことで、さらに恋のハードルを下げていきましょう。

046　あなたのルックスで恋愛する

あなたが望むルックスはどんなふう？　そのルックスになれたら、素敵な恋愛ができると思いますか？　交際することはできても、きっとしっくりこないでしょう。あなたの顔と体でないと「あなたらしい恋愛」ではないのですから。

047　外見は経験で磨かれる

同窓会で「学生のときは思わなかったのに、みんなイケてる」と感じたことがあります。きっと、社会人になってさまざまな経験値が増えたことが「カッコよさ」としてにじみ出たのでしょう。仕事をするだけで外見は磨かれるのですね。

048　不細工でモテる男の秘密

外見がカッコよくもないのに、美人の彼女がいる男性っていますよね。どんな裏があるんだろうと不思議に思うかもしれませんが、答えは簡単♪　美人を連れている不細工男は「不細工だから美人とつき合うのはムリ」と思っていないだけ。

049　長身女性×低い男性の組み合わせ

身長が低いことがコンプレックスなら、身長170cm以上の女性と話をしてみましょう。カッコよく見える彼女も、「デカ女」などとからかわれて悩んだこともあるはずです。コンプレックスを分かち合うことで、親密になれることもあります。

050　筋トレで自信をつける

筋肉隆々なマッチョな男性って、いかにも強そうで自信満々のイメージ。しかし、本当は自信がなくて、それを補うために筋トレに夢中になっているケースは案外多いもの。自信をつけるために、筋肉をつけるという方法もあるのです。

051　食事で筋肉をつける

筋肉をつけたい場合、筋トレだけでなく食事内容も意識しましょう。体に必要な5大栄養素、炭水化物(糖質)、タンパク質、脂質、ビタミン、ミネラルをバランスよく摂取すること。炭水化物：タンパク質：野菜の割合は、1：2：3が理想。

052　デブも考えよう

太っていることで卑屈になってはいませんか？　細身女性は「ふれていると気持ちいい」、太めの女性は「自分が痩せて見えるからいい」と言っていましたよ。痩せる気がないなら、デブのよさを認めて、「デブ推し」しちゃいましょう。

053　ヒョロヒョロを改善したいなら

食べても太れず、ヒョロヒョロな自分がイヤな場合、ふたつの改善方法をお伝えします。お腹を壊しやすいタイプなら、油ものを避けてよく噛んで食べる。そうでなければ胃下垂が考えられるので、腹筋や逆立ちを習慣にしてみましょう。

054　似ているタレントをチェック

「○○に似てる」と言われたら、そのタレントに注目してみましょう。本人になりきる必要はありません。雰囲気が似ている人を見ることで、自分のしぐさや立ち居振る舞いが、どんなふうに見られているのか客観的にチェックできるからです。

055　芸人のファッションを研究する

男性芸人は、ほとんどが一般的なルックスなので、ファッションの参考になります。自分とかけ離れた俳優やモデルの着こなしをマネしたところで別モノでしょうが、体型が近い芸人のファッションなら、いい感じに取り入れられるはずです。

056　子供のころの写真を見る

自分のことが好きになれないときは、幼いときのアルバムを開いてみましょう。無邪気に笑う顔、泣いている顔、怒っている顔、喜怒哀楽に溢れた子供のころの写真を見ていると、自分って案外かわいいヤツだな、なんて思えるでしょう。

057　清潔感は絶対

服に食事汚れがついている、肩にフケが落ちている、髪が脂ギッシュ……こんな人を見ると、食べ方が汚い、お風呂嫌い、食生活がズサンなど次々とイメージが湧くはずです。見た目の清潔感ひとつで、中身の印象までダウンするので要注意！

058　髪は頭皮から

スカルプ（頭皮）ケアという言葉が使われ、頭皮への意識が高まっています。薄毛、フケ、ニオイなどのヘアトラブルは、毛穴の皮脂＆汚れが関係しているからです。シャンプー時に、指の腹を使って優しく揉むように頭皮を洗いましょう。

059　ヘアスタイルはお任せに

髪型ひとつで印象は変わるもの。自分がラクで気に入っている髪型があるかもしれませんが、ときには美容師に「お任せで」と頼んでみて。向こうはプロですから、あなたが一番カッコよく見えるヘアを提案してくれるでしょう。

060　ヒゲで演出できる

無精ひげに関しては「不潔」、「だらしない」という女性の声が多いですが、中には「ワイルド」「貫禄がある」「ドキッとすることがある」という意見も。自分の中のワイルドな面が騒ぐときは、無精ひげを生やしてみるのもいいでしょう。

061　「ムダ毛」を考え過ぎない

手脚、胸、肛門の毛を気にする人もいます。女性に「気持ち悪い」と言われたくないからなのでしょうが、毛に関しては、女性によって好き嫌いがキッパリ別れます。最初から気にし過ぎず、相手がイヤがれば処理すればいいだけです。

062　男も潤いが大事

肌が瑞々しくて、髪もパサついていない潤った女性は魅力的です。男性も同じく乾いていたら魅力半減。潤い対策で手っ取り早いのは、体を冷やさないこと。体を温めると、血流が巡り肌に必要な栄養分が行き届くため潤いキープできます。

063　馬油で保湿ケア

市販のアイテムを使ってしっかり保湿ケアをしたいなら、薬局で売っている馬油が、男性でも購入しやすくおすすめです。人の皮脂に近い自然な油脂で、水分の蒸発を防ぎ、潤いをサポートしてくれます。全身に使えるところも◎。

064　電気シェーバーを吟味する

毎日行うヒゲ剃りは、じつは乾燥肌の敵。とくにカミソリは深剃りができる分、ヒゲと一緒に肌表面の角質層まで剃りやすく、水分キープしにくい肌に。近年は、肌への優しさを追求した電気シェーバーが豊富なので、是非チェックを！

065　肌を焼いてみる

日サロで黒光りするほど焼いてしまうと逆効果ですが、適度に日に焼けた肌は、健康的でアクティブな雰囲気に見えます。色白すぎてひ弱に見える、ヒゲ剃り後の青みが気になるなどの悩みがあれば、肌を焼いてみるのもいいでしょう。

066 唇の保湿ケア

肌の乾燥と同様、唇の乾燥やヒビ割れも魅力の半減に。唇を舐める、唇の皮をむく、口呼吸などは唇の乾燥に繋がりやすいので注意が必要です。前述した馬油は唇にも使えますし、リップを塗り、マスクをつけて寝ると保湿対策になります。

067 指先のケアは最重要事項！

爪が伸びている、爪の間が黒い、汚いのは特大NG！ そんな手で肌にふれられたり、大事なところに指を入れられたりするかと思うと、吐き気がします。大げさに感じるかもしれませんが、それほど指先はケアを徹底してほしい部分。

068 メガネは武器になる

「メガネ男子」で検索すると、100万を超えるサイトがヒット。チェックしてみると「賢そう」「誠実そう」「メガネを外したときのギャップがいい」など、メガネをかけている男性に対する好意的意見は多い。たかがメガネ、されどメガネ！

069 仕事着も武器になる

「スーツ男子」の検索ヒット数も100万越え。ある女性誌では、有名人が料理人、配達人などの仕事着を着たグラビア企画が人気だったことも。男性が、女性の白衣や制服に憧れを抱くように、女性も男性の仕事着姿への憧れは強いよう。

070 スポーツ男子は根強い

「いつもジャージ姿ってどうなんですか？」と童貞男子に相談されました。結論からいうと、スポーツしているならアリ！ スポーツ男子は女子の人気は高いです。ただし、きちんとしたレストランや結婚式に行くときなどは、見合った格好を。

071　頭にタオル

男性にとっては、「こんなことで？」と思うかもしれませんが、男性が頭にタオルを巻いた姿にキュンとする女性もいます。例えるなら、女性がTシャツのソデをまくりあげて頑張っている姿を見ている感じ？　青春っぽさがいいのかも。

072　休日ギャップ男子

仕事している姿と、休日の印象が違うと言われたことがあるなら、その違いはあなたのウリかもしれません。「いつもと違うね」と言っているときの女性は、大なり小なり、あなたのギャップに心を揺さぶられているということです。

073　服は自分で買う

大人になっても母親に洋服を選んでもらうという男性が存在します。恋愛をしたいなら、服は自分で選ぶようにしましょう。なぜなら、洋服だけではなく、ほかの部分でも、親離れ、子離れができなくなってしまうからです。

074　店員さんに任せてみる

ファッションに自信がない、あるいはイメチェンしたいなら洋服を店員さんに「お任せ」して買ってみるのもいいでしょう。自分では選ぶことがない、自分に似合うファッションが見つかることも。女友達や女姉妹など、女性に任せるのも◎。

075　自分がパワーストーンに

パワーストーンなどお守り系のアクセサリーを好むのは結構。でも、つけ忘れたときに、焦ったり、テンパッたりするようなら、つけない方がまし。石の力を信じる心があるなら、自分自身をパワーストーンのような存在だと信じましょう。

076　身近ないい男を観察する

職場の先輩、同僚、学生時代の同級生や先輩、よく行く居酒屋やカフェの店主など、自分が「カッコいい」と思う男性を観察しましょう。洋服や髪型など、いいなと思うところをチェック。身近にいる人のセンスは、身につけやすいものです。

077　足元の身だしなみ

「靴とバッグはいいものを持て」とはよく言われることですが、靴と靴下や、素足の身だしなみもしておきましょう。靴下に穴が開いていないか、かかと部分が汚れていないか……のほか、足の爪は切ってあるかなども定期的にチェックを。

078　肩甲骨を動かす

猫背だと見た目が貧相。また、肺が圧迫されて呼吸が浅くなるため、健康やメンタル的にもよくありません。腕を後ろにグルグル回し、凝り固まった肩甲骨を定期的に動かしましょう。背中がほぐれると猫背も改善しやすくなります。

079　骨盤を立てる

猫背やぽっこりお腹などは、へその下を意識し、骨盤をきちんと立てることで改善できます。猫背は骨盤が後傾し、バランスをとろうと背中を丸めた状態。ぽっこりお腹は、骨盤の前傾で内臓が前にせり出している状態が考えられるからです。

080　肩こりを改善する

肩こり持ちの人は、マッサージなどでまめにケアしましょう。肩こりは筋肉が硬く血流が悪くなり、疲労物質が溜まった状態。肩の血流が悪いと、顔や頭へ流れる血液の流れも悪くなり、顔色も悪くなる、思考能力にも影響を与えます。

081 腰を強くする

今は問題なくても、ある日突然やってくる腰痛やギックリ腰。腰を痛めると、セックスもままならず恋愛がおっくうになってしまいます。お風呂上りのストレッチ、よい姿勢で生活する、腹筋・背筋を鍛えるなどで、腰痛を予防しましょう。

082 二の腕を鍛える

デートのとき女性が男性の腕に手を絡ませたり、男性が女性に腕枕をしてあげたりすることから、男性の腕はセックスアピールのパーツと言えます。あなたの腕で女性をうっとりさせてあげたいなら、二の腕の筋トレを始めましょう。

083 下半身を強化する

下半身の筋力は、精力に関係しています。歩く、走るなどで下半身を鍛えておくと、射精のときに使われる骨盤底周辺の筋肉も鍛えられるからです。来たるべき恋人とのセックスでへこたれないよう、よく歩き、階段を使うようにするなどして。

084 規則正しい生活をする

夜中まで起きていたり、昼夜逆転の不自然な生活を続けていたりすると、自律神経が乱れ、不健康になるだけでなく、性欲や恋愛欲が湧かなくなることも。太陽と共に生きるのは難しくても、できるだけ0時までに寝るようにしましょう。

085 ハダカになる

スポーツの後など、野外で上半身ハダカになるのをおすすめします。スポーツをしないなら、お風呂の後、パンツ一丁で過ごすのでもOK。なぜなら、肌を外気にさらすことで、本能的な部分を刺激できるから。低下した性欲の復活もありえます。

086　腹式呼吸をする

疲れを感じたり、ストレスを感じたりしているときは、腹式呼吸を行いましょう。鼻から息を吸うときにお腹を膨らませ、口から吐く方法です。気持ちが落ち着き、体もリラックスできるので、ストレスケアになり、やる気を取り戻せます。

087　指を使う楽器を始める

ピアノ、ギター、ベースなど、指先を使って演奏する楽器を始めてみましょう。単純に、楽器が弾ける男はカッコいい！という理由もありますが、指先が器用に動くようになると、セックスのときの愛撫の仕方も変わります。

088　定番アイテムを決める

自分って特徴がないな……と思ったら、自分的定番アイテムをつくって身につけるのもあり。ハット、ハンチング、オーバーオール、メガネや派手なバッグなどなど。いつも身につけているアイテムがあると、印象に残りやすくなります。

089　ズボンのすそをひきずらない

ズボンのすそが地面をすっているような人がいますが、あれは考え直してほしいもの。一生他人のお家にお邪魔しないのならいいのですが、砂ぼこりがついたズボンで、部屋にあがられるのを歓迎する女性は、ごくごくわずかでしょう。

090　好きなスタイルにこだわる

自分の好きなスタイルがあるなら、それが世間であまり受け入れられないようなハードなファッションやオタクっぽいセンスであっても、極めてみて。こだわりの姿をカッコいいと思う女性もいますし、何よりも自分が輝けるのが一番です。

避妊【ひにん】

「産む」という選択をしないうちは、妊娠をしないように避妊することはマスト。避妊には、メジャーなコンドーム以外にも色々な方法があります。さまざまな避妊方法をチェックしてみましょう。

◉コンドーム……ゴムやポリウレタン製のサックを男性器にかぶせ、精液が女性器の中に入らないようにする方法。失敗率は3％～14％（1年間使用して100人中3人～14人が妊娠する）。確実に避妊するために、低用量ピルの併用、排卵日周辺のセックスを避ける工夫をしている人も。

［メリット］最も手軽。正しい使い方をすれば高い避妊効果が望める。唯一、性感染症の予防にもなる避妊具。

［デメリット］使い方によっては、破損、外れる可能性も。「感度が鈍る」という人、「ゴムにかぶれる」という人もいる。

◉低用量ピル……女性が、1日1回飲み薬を飲むことで、排卵を抑制し妊娠を防ぐ。失敗率は0.1～5％（1年間正しく飲み続けて1000人のうち1人が妊娠。飲み忘れがあると100人中5人に増える）。

［メリット］避妊以外の効果も期待できる。例えば、

月経痛が軽くなる、月経周期が整うなど。

［**デメリット**］飲み忘れがあると効果がなくなる。薬の副作用が起きる場合もある。

◉ＩＵＤ（避妊リング）……女性の子宮内に小さな器具を入れ、受精卵の着床を防ぐ。装着は婦人科で行う。

［**メリット**］きちんと装着できれば、数年は避妊ができる。

［**デメリット**］出産未経験者、月経痛が強い人には不向き。

◉不妊手術……女性の卵管、または男性の精管を手術で閉塞する。（男性の手術は「パイプカット」と呼ぶ）

［**メリット**］最も高い避妊効果が望める。

［**デメリット**］将来自然妊娠が難しい。誰でも受けられる手術ではない。

◉緊急避妊ピル……セックス後、72時間以内に薬を飲むことで妊娠を防ぐ。最終手段として考えるもの。

［**メリット**］コンドームが破れた、性暴力にあったなどの緊急事態に対応できる。

［**デメリット**］一時的に副作用が起きることがある。費用が高い。

◉その他……女性の外子宮口にゴムのふたをする「ペッサリー」、膣内に薬を入れる「殺精子剤」、女性が使う「女性用コンドーム」もありますが、日本ではほとんど普及していない。

〈間違った避妊法〉

・**膣外射精**　射精前の分泌液にも精子は混ざっているので、妊娠の可能性大。

・**膣内を洗う**　射精後、炭酸やビデで膣内を洗うという方法は効果ナシ！

・**危険日以外**　排卵日（危険日）を予測し、それ以外に行うのも、確実な方法ではない。

緊張する、挙動不審、無口になる女性に慣れていないなら、当たり前

仕事でも、スポーツやゲームなどの趣味でも、最初からスムーズにできる人なんていませんよね。私事ですが、昨年『モンスターハンター４』というＤＳのアクションゲームを始めました。『スーパーマリオブラザーズ』などゲーム経験はありましたが、『モンハン』の操作方法は未知の世界でした。キャラクターを前後左右上下と立体的に動かすので、使用するコントローラーボタンが多く、進みたい方向へキャラを動かすことすらできません。ゲームを楽しむなんて想像もつかなかった！　しかし「夫と一緒にゲームをやりたい」という気持ちと夫のスパルタ指導もあって、嫌々ながら頑張りました。３日目には、自分の意思通りにキャラを動かせるようになり、

3か月目には、オンラインで一緒に戦った友人に「うまい！」と言われたのです。キャラクターすら動かせなかった私が、ほめられた！　こうなると超楽しい！

それもこれも、夫に、レベル一〇〇のラージャン（私のランクに合っていない、強敵モンスター）の討伐に何度も連れて行かれたから。夫が戦うのを見て逃げていただけですが、次第に敵の動きが分かるようになり、恐怖心もなくなりました。

前置きが長くなりましたが、恋愛だって同じです。恋愛ができない、おっくうだと感じているみなさんは、女性が分からないために恐怖を感じるのです。女性と同じ空間にいることに慣れていないから、想像だけで苦しくなってしまうのです。

女性と恋愛がしたいなら、ちょっと頑張って女性に慣れることから始めましょう。いきなり恋愛の戦場に出ようとせず、女性の性質を知って、女性の前で自然な立ち居振る舞いができるようになることからです。まずは、ゲームの操作方法を覚えるように、女性と一緒にいるときの、自分の存在の仕方をつかみましょう。

まずは女性に近づくことから始めよう

これまでほとんど女性と接することがなければ、女性に近づくことすら、ものすごくハードルが高いことかもしれません。しかし、ここに上げたトピックは、どれも、たとえ失敗しても大きくキズつくようなことではありません。ゲーム感覚で、できそうなことからクリアしていってみてください。日常的に女性と接したり、話したりするうちに、女性がどんな言葉で喜ぶのか、女性はどんなことを嫌がるのかが分かりますし、何よりも、「自分は女性と話せる」という自信がつきます。それが最大の目的です。

091　女性のレジへ行く

コンビニやスーパーで買い物するなら、迷わず女性店員のレジへ。こんな簡単なことでいいの？　と思うかもしれませんね。それすらムリって思う人もいるかも。意識的に女性と接する機会を増やして、女性に対する免疫をつけましょう。

092　目を見てオーダーする

ファミレスやファストフードなどの飲食店や、病院やマッサージ店などの受付などにも女性のスタッフはたくさんいます。オーダーや、名前を言うときなどは、なるべく相手の目を見ましょう。恥ずかしいなら、おでこ辺りを見るのでもOK。

093　家族の女友達に挨拶する

実家に住んでいるなら、母親や兄弟の女友達が訪ねてくることも。練習だと自分に言い聞かせて、挨拶をしてみましょう。「こんにちは」から始め、「いらっしゃい」。慣れてきたら「今日の服、似合っていますね」などと会話を広げてみて。

094　すべての女性に優しくする

重い荷物を持ったおばあさん、道に迷っている既婚者であろう女性、転んで泣いている女の子……。困っている女性がいたら、恋愛対象かどうかなんて気にせず、「手伝えることはないですか？」と声をかけるようにしてみましょう。

095　同じ環境の女性と話す

同じような環境で育った者同士は、会話が弾みやすいもの。出身地が同じなのはもちろん、両親が離婚した、幼いころ友達が少なかったなど、寂しい思いをした者同士は、普段抑圧していることが多く、話し出すと止まらないこともあります。

096　夫婦でやっている居酒屋へ通う

年配夫婦がやっているような居酒屋の常連になるのもおすすめ。たいがい女将さんは気立てがよく、ひとり客のあしらいにも慣れていますし、通っていると、女性の常連客を紹介してくれるなど、女性との接点をつくってくれることも。

097　女性の美容師にカットしてもらう

美容院は、女性に慣れるための恰好の場所。いきなり、同世代の女性はハードルが高いなら、おばちゃんの理容師などでもいいので、とにかく女性に触られることに慣れましょう。鏡越しに、目を合わせて話す練習もできますしね。

098　女性販売員に相談する

洋服店に行って、女性の販売員が声をかけてきたらチャンス！　今の流行、自分に似合いそうなアイテムや色を相談してみましょう。買うお金がない？　そんなときは「給料が入ったらまた来ます！」と誠実に言えばいいだけ。

099　「ごちそうさま」

飲食店や社員食堂などで食事をしたら、必ず「ごちそうさまでした」と言って出るようにしましょう。老若男女を問わず挨拶を。こうやって、声をかけることに慣れていけば、自然と女性にも挨拶できるようになるでしょう。

100　飲食店ではカウンター席へ

飲食店へ行くときは、迷わずカウンター席へ。大きな声を出さなくても店員さんを呼べますし、「初めてですか?」などと話しかけてくれる店員さんもいます。イヤホンで音楽に没頭するなどはやめて、話しかけられやすい雰囲気づくりを。

101　慣れるためと割り切って紹介へ

女性を紹介されてもうまくいかない経験が続いたり、自分に自信がなかったりすると「紹介は絶対うまくいかない」と思ってしまいますよね。紹介でつき合うという目的は捨て、女性に慣れるためにと割り切って行くと、案外楽しめるものです。

102　男社会に属してみる

サークルや会社などに属すと、男同士の飲み会の誘いが増えます。男が集まると、キャバクラやガールズバーに行く機会があったり、否応なしに女性と飲むという経験を得られるので、できるだけ男社会の飲み会には参加してみましょう。

103　英語でのコミュニケーション

日本語で女性と話すのが苦手なら、英語でのコミュニケーションは？　英会話レッスンに行くもよし、海外で現地の女性と話すもよし、英語というツールで接してみましょう。言葉に一生懸命になるので、女性と話している意識は薄まるはず。

104　女性率が高いヨガ

女性に人気のヨガ。ダイエット、体調管理、リフレッシュなど効果はさまざまです。男性も参加できる教室もありますから、あえて女性率が高いところに加わってみるのも、女性に慣れるのには大いに役立ちます。勇気を出してチャレンジ！

105　穴場はマラソンサークル

ヨガよりも参加しやすく、女性が多いのがマラソンサークル。大会を目指して走る本格的なサークルから、飲み仲間や近所の友達を探す目的で活動しているサークルまで色々あります。インターネットで検索してみましょう。

106　ボルタリングに挑戦

ボルタリングはフリークライミングの一種。ビルの一室など屋内の小さなジムが増え、使用者同士の交流が多いのがおすすめの理由。サバサバした雰囲気の女性が多いという印象があるので、登り方のコツなども聞きやすいはずです。

107　バイトやボランティア

学生ならアルバイト、社会人ならボランティア活動も◎。仕事を教えてもらったり、引き継ぎをしたりと女性との会話は必須です。知らない世界を見ると、自分が狭い世界で生きていることを痛感し、自分のガードの固さが飛んでしまうことも。

108　料理を一緒につくる

目的があると、女性と接するハードルが下がります。提案したいのが「料理」。男性参加可能で、グループで料理する教室を選べば、女性と一緒に料理して、食べることまでできてしまいます。パンづくりや麺打ちの体験教室などもよいでしょう。

109　飲めなくても飲み会へ行く

「飲めないから」と言って仕事関係や、友人からの飲みの誘いを断っていませんか？　女性がいる飲み会なら、女性に慣れるためと割り切って参加を。お酒が入ると誰もが普段より饒舌になりやすいので、女性を知るにはもってこいの場です。

110　同窓会はチャンスの宝庫

同窓会は、女性と接するチャンスの宝庫。緊張するかもしれませんが、なるべく自然に座っていれば「あっ、〇〇くん？」なんてふうに話しかけてくれることは大いにありえます。そこからグループLINEなどが始まることも。

111　友達と街コンへ

少し前から「街コン」なる催しが人気です。お店をハシゴしながらコンパができるというもの。参加資格は、ほとんどが同性ふたり。相棒がいるし、耐えられなくなったら別の店に行けばいいのですから、気軽に参加できるのでは？

112　婚活イベントで慣れる

まるで回転寿司のように、男性が次々と女性の前に行くという婚活のシステムは、オクテな男性にとっては耐え難いかもしれません。でも、色々なタイプの女性を一気に観察できて非常に効率的。婚活イベント＝レベルアップシステムです。

113　割り勘の練習をする

女性はお金がかかると思っている人は、「女性におごらない」という練習をしておくといいでしょう。女友達と食事をして、割り勘で支払うことに慣れるのです。いつもは割り勘で、たまにおごられるほうが、ありがたみが増しますしね。

114　愚痴を引き出す

母親でも、姉妹でも、幼馴染でもいいので、女性の愚痴の聞き役になってみましょう。「うん、うん」と聞くだけで、彼女らはスッキリ。あなたは、「女性には面白いことをしゃべらなければいけないプレッシャー」から解放されるはずです。

115　女性を観察する

とにかく女性を観察しましょう。どういうときに機嫌がいいのか、どういうことで怒るのかといったことを、こっそり見るだけでOK。そのうち、「今は話しかけてはいけない」「今はほめてほしいと思っているな」なんてことが読めるように。

116　顔面体操で表情を緩ませる

出かける前に、こっそりと、目を見開いたり、口を開いたりすぼめたりして、こわばった表情筋を動かしておきましょう。女性と話すのが苦手な男性は、おのずと顔がしかめ面になっているからです。先回りして、表情を緩めておいて。

117　とにかく相手の話を聞く

女性と話すときは、話を聞くだけで十分楽しませることができる！　と言い切れるほど、「聞くこと」は大切です。話をちゃんと聞いてもらえると、「自分のことを分かってくれた」と思うことができ、それだけでゴキゲンになる女性は多いんです。

118　聞いているサインを送る

相手の話を聞くときは、聞いているサインを送りましょう。「相手を見る・うなずく・相槌を打つ」です。サインを送っていないと、「聞いているの？」と相手を怒らせることも。逆に、サインを送れば、聞いているだけでいい感じの雰囲気に。

119　言葉を繰り返す

心理カウンセリングに「言葉を繰り返す」技法というのがあります。「彼のことで悩んでいるんです」と言われたら「彼の行動で何か困っているんですね」と少し言い換え、相手の自問自答を促すという方法です。普段の会話でも使えます。

120　沈黙を焦らない

女性との会話中に沈黙が訪れたら「なにか話さないと！」と焦るかもしれません。焦りは、あなたの表情を険しくしたり、落ち着かない雰囲気にさせたりします。そんなときは、リラックスタイムと割り切って、とりあえず深呼吸を。

121　「どんな気持ちだったの?」

女性の話を聞くと、「なんでそんな細かい話をするのだろう」と感じることがあると思います。私たちが分かってほしいのは気持ちです。ある程度聞いたら「どんな気持ちだったの?」と投げてみましょう。うんと話が聞きやすくなるはず。

122　相手の知っていることを話題にする

会話するとき、つい自分の知っている話題をふりがちですが、相手が興味のある分野を話題にするのが無難です。「スイーツ好きなんだよね?　一番おいしいと思う店は?」相手の気持ちを伺うように聞けたら最高ですね。

123　共感する

気持ちを分かってほしい女性にとって、共感しているセリフやサインはとても嬉しいこと。「それは焦るね～」や「それは嬉しいね～」と気持ちに寄り添ってほしいものです。言葉で言うのが難しければ、普段より大きいうなずきだけでも。

124　苦手なことを打ち明けてみる

話しベタであること、女性が苦手なことなどは、できれば隠したいはず。ですが、隠そうとすればするほど、失敗しがちに。最初から「話しベタなんだ」と告白しておくと、リラックスでき「下手じゃないよ」と言ってもらえることも。

125　会話のネタ帳をつくる

仕事の話や、趣味の話をしたときに、興味を持ってもらえた経験があるはず。誰かに興味を持ってもらえた話は、「会話のネタ」として記憶し、ストックしておきましょう。事前の予習と同じく、ストックがあると、余裕ある自分になれます。

126　名刺を工夫する

とある男性のプライベート用の名刺に「オーラ研究家」と書いてあり、つい「オーラが見えるんですか?」と話かけてしまいました。趣味や特技、好き嫌いを書くなどの私用名刺をつくり、話しかけられやすい工夫をしておくのもアリです。

127　自己紹介の練習

初対面の女性を前にするとしどろもどろになってしまう。事前に自己紹介を練習しておけば、その緊張を和らげることができます。名前、住んでいる所、職業、年齢なんかをスムーズに言えるように口に出して練習しておきましょう。

128　のろけ話を聞く

彼氏持ち、既婚者などと話す機会がある場合、のろけ話を引き出してみるのもいいでしょう。普段のろけたくてもできない人は、その機会を喜んでくれるはず。話が盛り上がる感覚がつかめ、恋愛するイメージが湧いてくるでしょう。

129　美人過ぎる女性と話す

容姿に自信がある女性は、自分が美しく見える振る舞いを知っているので、コミュニケーションもスマート。サービス精神旺盛なことも多い。素敵な女性がいたら、練習だと思って、話しかけてみて。拍子ヌケするほど、楽しく話せることも。

130　手相や占いを学ぶ

「オクテ夫との交際のきっかけは、彼が趣味でやっていたタロット占い。なかなか当たっていて、信頼しちゃいました」という女性。手相や占いを知っておくと、話のきっかけ以上のものが得られそう。ミニ講座などをチェックしてみて。

131　仲間同士で女友達をシェアする

「オクテ仲間の女友達と、恋愛に発展した」という男性がいました。その女友達は、「オクテ仲間」なだけに、共通の話題もあり、話しやすく接しやすいはずですよね。同じようなタイプの友人同士で、女友達を紹介しあうのも手ですね。

132　挨拶の言葉に名前をつける

女性の名前を呼んでいますか？　挨拶をするときなど「おはようございます」よりも「〇〇さん、おはようございます」と言う方が、ぐっと好印象です。まずは職場など身近なところで、名前をつけて挨拶をする練習をしてみましょう。

133　自分と正反対の女性に近づく

おしゃべりな女性に物静かな男性、いつもみんなの中心にいる女性に人見知り男性……というカップルは結構多いもの。自分と真逆の人に惹かれるというケースもあるのです。ですから、思い切って、自分と真逆の女性にも近づいてみて。

134　連絡先は素直に聞く

メルアドを聞いたら迷惑かもしれない。メールが途絶えたらショックだ。という憶測で、せっかく知り合えた女性の連絡先を聞かないのはもったいない。練習期間中なのですから、「連絡先を聞いてもいいですか？」と素直に尋ねてみて。

135　会話内容を覚えておく

何度も会う女性なら、次に会ったとき「お肉好きだって言ってましたよね？」なんてふうに、前回の話題をふってみましょう。彼女は、覚えていてくれていたんだ♪　とテンションが上がり、たくさんお話をしてくれるようになるでしょう。

性感染症【せいかんせんしょう】

セックス、オーラルセックスで感染する病気を性感染症（STD）といいます。男女それぞれの症状を紹介しますので、おかしいなと思ったら男性は泌尿器科を受診すること。

◉**クラミジア感染症**……日本では感染者が一番多い。ノドに感染することも。
［**男性**］尿道から水っぽい膿、排尿痛、尿道のかゆみや不快感など。
［**女性**］おりものの増加、性交時の出血、排尿痛など。無症状のことも多い。

◉**淋病**（りんびょう）……ノドにも感染し、風俗店でのフェラチオで性器への感染が増えている。
［**男性**］尿道から膿状の分泌液、激しい排尿痛、尿道のかゆみや不快感など。
［**女性**］おりものの増加や異常、性器のかゆみや排尿痛など。

◉**トリコモナス**……感染力が強く、公衆浴場や便座、タオルを介して感染することも。
［**男性**］原虫が尿道や前立腺に潜んでいることも。症状が出ないことが多い。

［**女性**］悪臭をともなう黄緑がかったおりもの。外陰部や膣に強いかゆみが起きることも。

◉尖圭コンジローマ……悪化すると電気メスで除去、または液体窒素で冷凍凝固する。
［**男女**］外陰部、肛門にかけて、小さなイボができる。放置すると固まってカリフラワー状に。女性の場合は、膣内にも広がる。

◉性器ヘルペス……再発しやすく根気よい治療が必要。おしりや太ももにも症状がでることも。
［**男女**］初期感染は、性器にかゆみや痛み。水泡ができ、つぶれて潰瘍になり外陰部が激しく痛む。歩行が困難になるほど痛むことも。

◉毛じらみ……毛じらみは体長1〜2㎜で、肉眼で確認できる。治療は陰毛を剃って、薬を塗布。
［**男女**］毛じらみが陰毛に寄生すると、皮膚をかまれて強いかゆみがおきる。まれに、わき毛、胸毛、毛髪などに寄生することも。

◉梅毒……今は早期治療で完治できるが、昔は不治の病として恐れられていた。
［**男女**］感染後3週間くらいで、外陰部に痛みのないしこり、そけい部のリンパの腫れ。3か月くらいで、全身に発疹。最終的には脳や脊髄が侵されるが、現在はほとんどみられない。

◉エイズ（後天性免疫不全症候群）……HIVウイルスの感染が原因。5〜10年の潜伏期間を経て発症。
［**男女**］感染直後、風邪のような症状が起きることがあるが無症状なことも。発症すると、免疫力が低下するエイズ症状が起き、普段はかかりにくいさまざまな病気に感染し衰弱していく。早期発見で死に至る病気ではなくなった。

Chapter 3
恋人になる

出会い方を見直すだけで、交際へのハードルは低くなる

さて、ここまで読み進めてきたあなたは、女性への免疫がついてきたはずです。「話せるかも」と感じているかもしれませんし、これまでのテクニックを試してみたなら、もしかすると好きな女性ができているかもしれません。

じつは、Chapter2「女性に慣れる」のテクニックは、「出会いのきっかけをつくる」方法でもあったのです。「出会いのきっかけをつくるテクニック」だと知れば、恋愛にオクテ気味の男性なら、きっと挑戦さえしていただけないかも……と、勝手に先回りして後からお伝えすることにしちゃいました。どうかお許しを。

Chapter2のテクニックを改めて見返すと、特別なアクションをしなくても、身

近に出会いはあると感じてもらえるはずです。むしろ、出会いは特別なものだと思っていると、身構えてしまって、チャンスを見過ごしてしまうでしょう。

巷のカップルもほとんどが身近で出会っています。多くが、タイミングよく引き寄せられたか、身近な人を介して出会ったなどでしょう。近い存在だから、自然に「好き」と思え、身近な人の紹介だから「信頼できそう」と思ってつき合えるのです。これが、「アイドルが突然自宅にやってきて告白される」というような出会いだったら、あなたは受け入れられないでしょう。「僕なんかムリ」と思うかもしれませんし、後で莫大なお金を請求されるような詐欺かもしれませんしね。

常に身近に出会いがあり、女性に慣れる練習をするだけでいいと思えば、恋のハードルは下がりますよね。恋愛も出会いも身近に存在すると思えば、交際だって難しく考える必要はありません。そうして出会った女性は、あなたのこともきっと身近に感じてくれていますから。近くの友達が運命の人かもしれませんよ♪

好きな人ができたなら

これまでは、好きな人ができても「失敗するのが怖い。この気持ちをいかにして抑えるか」という努力をしてきたのではないでしょうか？　努力まではしていなくても「自分から動きたくはない」、もしくは「仲よくしたいけど、無理でしょ」と恋することに積極的ではなかったはず。でも、ここまで読んでくださったあなたなら「女性と仲よくなりたい」という前向きな気持ちですよね。それでは、好きな人ができたときの、自分の気持ちのコントロールの仕方と、彼女との距離の縮め方をレッスンしましょう。

136　縁がない。それもまたご縁と信じて

筆者は、15年ぶりに再会した人と電撃結婚をしました。一度デートをして、好きにならなかった人とです。再会後、昔の私を知る彼を身近に感じ結婚を意識しました。よって、今の恋は、うまくいってもいかなくても、無駄ではないと断言できます。

137　往く者は追わず、来たる者は拒まず

恋愛をする上でも覚えておきたい、孟子の言葉です。好きな人が自分をふったり、自分から去ったりすることを想像して、一歩目を踏み出せないときに思い出してみて。誰もが経験する気持ちだと考えると、行動しやすくなるはず。

138　自分のキャラで生きる

恋をすると、彼女の好きなタイプを目指したり、モテ男をマネしたりと、自分らしくない人になろうと頑張ることがあります。そのキャラを楽しみ続けられるならいいけど、しんどいならすぐにやめて。あなたの恋愛ではなくなるのだから。

139　カッコつけさせてあげる

好きな女性に、自分のすごいところをアピールしたくなる気持ちは分かります。しかし「自慢かよ」と見向きもされないのが現実。まず、彼女のすごいところを「すごいなぁ」と認めてあげられるカッコよさを手に入れてから、出直して。

140　ふたりの笑顔をイメージする

彼女に好かれるにはどうしたらいいのだろう？　と深刻に考えているときは、おおよそ眉間にシワが寄っています。思考を切り替えて、ふたりが笑っている未来を想像してニヤケてみて。笑顔になると、幸福も舞い込んで来やすくなります。

141　自己暗示は明るい言葉で

「自分なんか相手にされるわけがない」。好きになった女性に対してこう思うこともあるでしょう。常々つぶやいていると、あなたの脳は「好きな人に相手にされたくない」という自己暗示にかかってしまい、態度にも出てしまいます。

142　異性に相談する

自信がなくなったら、女友達に相談するのはアリです。女性が女友達に好きな人の相談をするときは、たいがい「大丈夫だよ、いけるよ！」と言ってほしいとき。そうやって励まし合うのが得意なので、あなたのことも応援してくれるはず。

143　喜びに浸ってみる

「好きな人ができない」「好きになれる人がいない」「恋愛なんてできない」と悩んだ時期もあったはずです。今、恋をしているなら、「恋をしている」ということを喜んでスキップでもしてみましょう。それだけでも、恋をした価値あり！

144　相手の喜びを考えてみる

今度は逆に、好きになった人の喜びに思いを馳せてみましょう。彼女はどんなことで喜ぶのでしょうか？　どんな恋愛をしたら嬉しくなるのでしょうか？　彼女の笑顔を想像しながら考えると、あなたができることが次々ひらめくはずです。

145　恋に集中し過ぎない

恋する喜びに浸ってみることをおすすめはしましたが、浸り過ぎにはご用心。慣れていない人だと、不安感が生まれ、どんどん悪いように考え込んでしまいます。仕事や学業が手につかないくらいになるのも恋の醍醐味ではありますが……。

146　マニュアルよりも相手を見る

「レストランやカフェでは奥の席を彼女に譲るべし」「歩くときは車道側を歩くべし」などの恋愛マニュアル、確かによさそう。でも、好きな人の取り扱い説明書は、あなたが彼女自身を見てつくるもの。女性はひとり一人違うのですから。

147　初デートの目的を見直すこと

初デート前に考えることはどんなこと？　手をつなぐタイミング、キスをする場所……なんてことでしょうか。体の距離を近づけようと急ぎがちですが、ちょっと待って。まずは心の距離を縮めましょう。初デートは彼女のことを知る日です。

148　デートスポットには行くべき？

「やはり人気のデートスポットに行かないとダメですよね？」と35年間女性との交際経験のない男性に質問されました。私の答えは、人気のスポットは、人が多くて苦手な女性もいます。雑誌に載っているスポットがベストだとは限りません。

149　デートの行き先に迷ったら

雑誌やネットがあまり得意ではないとなると、デートの行き先に迷うこともあるでしょう。そんなときは、相手に聞けばいいだけです。デートっぽくない場所を言ってくるかもしれませんが、“ぽくない”かどうかは行ってみてから決めましょう。

150　待ち合わせ場所は、ちゃんと決める

最近は携帯電話に頼って、待ち合わせ場所と時間をきちんと決めることが減りました。なかなか会えなくてイライラさせたりしないためには、気心知れるまでは場所と時間はきちんと事前に決める。デート感もアップします。

151　隣に座る

私の夫は、デートを始めて3か月間は緊張してろくに目も合わせてくれませんでした。カフェなどで向かい合う席に座ると、正面は恥ずかしいとかで、体も顔も斜めに向いていました。同じタイプなら、カウンターなど隣同士に座れる席が◎。

152　お茶とおしゃべりは必須

女性同士が遊びに行くと、必ずといっていいほど「お茶しよ〜」と休憩が入ります。しかも何度も。男性からすると、休み過ぎじゃない？　と感じるかもしれませんが、お茶とおしゃべりは、女性にとってとても重要であることが多いのです。

153　彼女の目を読む

自分のことをどう思っているのだろう？　知りたいですよね。そんなときは目を観察してみましょう。目は心情が現れやすいので、楽しんでいるかつまらないのかが分かるはずです。目を見ることは、あなたの存在アピールにも役立ちます。

154　彼女の口元も語っている

目と同様に、口元も心情が現れやすいパーツです。口角が上がっているときは楽しんでいるとき。口元をギュッと閉じているようなときは、つまらないか、何か言いたいことがあるときかもしれません。彼女が話すきっかけをつくってみて。

155　身の丈に応じたデートを

好きな人によく見られたいからといって、高いレストランに行くなど、無理したデートをしようとしていませんか？　見栄を張らず、お金がないときはないなりのデートをする。それが、本音を言い合えるカップルになる秘訣です。

156 行きつけの店に連れて行く

私が結婚したのには、私の行きつけの居酒屋のママが大いに関係しています。「男性と一緒なんて珍しいわね。写真撮ってあげる」なんて盛り上げてくれ、お酒の入った私たちは、初デートで、まんまとその気にさせられたのです。

157 デートは自分も楽しむ！

デートで彼女を楽しませる、とっても簡単な方法をお伝えします。それは、自分が楽しむこと！　一緒にいる人が楽しそうだと、つられて楽しくなっちゃうものです。彼女は楽しんでいるかな？　と気にし過ぎず、はしゃいじゃってOKです。

158 何もせず、まったりもアリ

動物園や水族館、カラオケに行く、ご飯を食べる……。デートというと「目的」が必要な気がするかもしれません。それを好む女性もいますが、なにもせず、まったりが好きな女性もいます。公園やカフェでのんびりも立派なデートです。

159 手をつなぐタイミングは任せる

いつになったら手をつないでいいのだろう？　タイミングが分からなくて挙動不審になりそうなら、彼女に任せちゃっていいと思います。任せると決めたら気分はラクちん。服のすそをつかんでくる、腕を組んでくるのはOKの合図です。

160 彼女からの合図がなければ

とはいえ、彼女もオクテな場合、何度もデートを重ねても手もつなぐことができないことも。そういう場合は、手をつなぐ作戦をあれこれ試案するよりも、好きだという気持ちを伝えるのがいいのでは？　彼女だって不安なのだから。

恋を成功させる

好きな人とデートを重ねた、もしくは、結構話せるようになってきたら、次に考えるのは「つき合うにはどうすればいいか?」ですね。これまで、うまくつき合えなかったのは、「交際はこうであるべき!」「こうしなきゃつき合えない!」などの決めつけが邪魔をしていたのかもしれません。ここでは、女性とつき合うときに男性が陥りやすい、恋のルールの勘違いにスポットを当て、ひとり一人違う女性にどうアプローチすればいいのかを紹介していきます。ポイントは、カッコつけないこと。カッコつけて自分を隠した姿では、女性は本当のあなたが見えなくなって、あなたを選ぶことができませんよ。

161　告白のタイミングは楽しいときに

絶対大丈夫だと思えないと無理、告白するなんて想像もつかない、向こうから告白してほしい……色々な告白に対する思いがあると思います。私自身が成功した、告白のタイミングをお伝えします。それは、ふたりでいて楽しいときです。

162　告白のシチュエーションについて

告白する場所はロマンティックな場所！　と決めつけているかもしれませんが、シチュエーションと告白の成功は、あまり関係がありません。あえていうなら、暑過ぎる、寒過ぎる、虫がいるなどの身体的ストレスが少ないところで。

163　セリフは素直に

告白するときは、漫画やドラマのようなカッコいいセリフがいい？　いえいえ。どこかで使い古されたキザなセリフより、不器用でも、あなたの言葉で、どんなところが好きなのかを素直に伝えてもらえるほうが嬉しいです。少なくとも私はね。

164　未来を語るのは告白されたいサイン？

よく聞かれるのが「つき合ってもOKなサインはある？」ということ。それこそ人によって違いますから、一概には言えませんが、未来の話が増えるのはひとつのサイン。例えば「いつか温泉行きたいね」「子供は何人ほしい？」などなど。

165　告白の方法は人それぞれ

告白は面と向かってするものだと決めつけている人もいれば、いやいや、今はメールでしょ！　という人もいるでしょう。そんな現代に、あえてラブレターという選択肢もあります。自分の気持ちを伝えやすい方法が、成功への近道です。

166　連絡の頻度を決めつけない

好きなら毎日連絡をとるものだ、つき合っているなら週に一度は会うべきだなど、根拠のないルールに縛られて、苦しくなっていませんか？　しっくりくる連絡のペースは人によって違うので、一緒にふたりのペースを決めましょう。

167　質問には、きちんと向き合う

交際が始まると「私のこと好き？」「将来のことどう考えているの？」と尋ねられることがあります。根底にあるのは、不安な気持ち。「この人と一緒にいて大丈夫か」をジャッジしているところです。恥ずかしくても、正直な気持ちを伝えて。

168　メールですべては話さない

メールやLINEはとても便利なツールです。会話が苦手な人でも、メールなら饒舌になれることもありますもんね。でも、メールは受け手によっては勘違いを生むことも多い。話しづらい大切なことほど、面と向かって話しましょう。

169　目指すは対等な関係

彼女には、尊敬されたい、つくされたい、などと思っていませんか？　それって、彼女より上に立ちたいという思いからきている気がします。ハッキリ言ってエゴ。おつき合いする相手とは上下関係のない対等な関係を目指して。

170　善意は素直に受け取る

好きな人にほめられたとき、謙遜していませんか？　または「今日は私がおごる！」と言われたとき遠慮していませんか？日本人ならしてしまいがちですが、丁寧に感謝して受け取ることに挑戦を。その善意、相手からの愛ですから。

171　自分を主語にして気持ちを伝える

「毎回遅刻されて悲しい」「私には料理の味が薄い」など、好きな人にも不満が出てくることもあるでしょう。感じたことを溜め込まないのも、仲を深めるコツです。その場合、このように「自分」を主語にして気持ちを伝えればスムーズ。

172　プレゼントは彼女を観察して選ぶ

雑誌やネットには、恋人が喜ぶプレゼントランキングなどが載っています。それを当てにして「絶対喜ぶはず♪」と思うと、思ったような反応ではなくてがっかりすることも。彼女の普段の言動から、察するようにしてみましょうよ。

173　記念日は予約をしてみる

慣れていないと飲食店の予約は面倒。だからこそ、交際記念日、誕生日などは予約がおすすめ。事前に記念日だと伝えるといい席への案内や、スペシャルデザートなどがつくことも。なにより手間をかけてくれたことが彼女の喜びに。

174　きちんと謝る

待ち合わせに遅れたときなど「電車が遅れていて」など、言い訳で終わらせてはいませんか？　まずきちんと「ごめんなさい」と伝えましょう。言い訳は自己防衛ですから、多用し過ぎると、相手を攻めているように感じさせてしまいますよ。

175　言葉で感謝しないと伝わらない

私は家事は嫌いではありませんが、たまに「私は、家政婦か？」と思うこともあります。そんな気持ちを夫にぶつけると「感謝しているよ。分かっていると思ってた」。いいえ。超能力者ではないので、言葉にしてくれないと分かりません！

176　お願いしてみよう

例えば、部屋のそうじや書類作成など、自分が不得意で、彼女が得意なことがあれば思い切ってお願いしてみましょう。得意なことを任された彼女は、自分の価値を確認できてうれしいことでしょう。あなたは彼女の不得手を引き受けて。

177　食べる楽しみを共有する

食の好みが合うふたりは、相性がいいと言われています。元々好みが合うならラッキー。合わなくても、ラーメンやパスタ、お好み焼きなど、お互いが好きなものはひとつはあるはず。一緒に食べ歩くうちに、ふたりの仲も深まるでしょう。

178　ひとりの時間も大切にする

彼女がいると、常に一緒にいたくなるかもしれません。それでも、ひとりの時間も大切にしましょう。ひとりでいる時間があるからこそ、ふたりでいる時間を、楽しい、幸せだと感じられます。会えない時間が愛を育てるってやつね。

179　愛情のバランスをとる

交際していると「もっと愛されたい！」という願望が出てくることも。そんなとき意識は「愛が足りていない」に集中し、相手のアラ探しばかりしてしまいがちに。励ましてくれたこと、優しくしてくれたこと……今までの愛を思い出して。

180　喜びを表現する

プレゼントをする、記念日を祝う……彼女が喜んでくれると幸せを感じませんか？　相手のためにやっていたことって、実は自分のためなのです。彼女だって、自分の幸せのために、好きな人に喜んでほしいはず。あなたはもっと、喜んでヨシ！

181 同じ趣味を持つ

一緒にできる趣味があれば、ふたりの関係はより充実したものになります。マラソンやサイクリングなどのスポーツ、映画鑑賞、美術館巡りのような文化的なこと、食べ歩き、そば打ちなど食に関すること……ふたりで何か始めましょう。

182 ふたりの場所をつくる

レトロな雰囲気が落ち着く喫茶店、カレーがおいしい洋食屋さん、メニュー豊富な居酒屋……ふたりのお気に入りの場所をたくさん見つけましょう。お互いの好みも知れますし、お気に入りの場所が増えるほど、ふたりの距離感も近づくはず。

183 親友を紹介する

彼女に、自分の仲のいい男友達は紹介しておきたいもの。交友関係を見せておくと、彼女は安心しますし、あなたの友人との時間も理解してもらえます。人見知りの女性でなければ、親友を紹介されてイヤな気分になる人はいないでしょう。

184 笑いを大事にする

つき合い初めのふたりは、何をしていても楽しくて笑顔が多いものですが、慣れてくると笑顔は減っていきがち。最近しっくりこないな……というときは、笑いを意識してみて。お笑い番組を見るもよし、ドッキリを仕掛けるもよし。

185 親友になる

交際を長続きさせる秘訣は、彼女と親友になること。どういうこと!?　と思うかもしれませんが、仲がよいカップルほど、「パートナーは恋人であって、親友でもある！」と言っています。信頼し合っていて、なんでも話せる関係ってことです。

気になる《女子の心理とホンネ》

なぜ友達に、彼氏のことを何でも話すの？

「私はあまり話さないから理解できない」(30代・自営)という女性もいますが、「共感されて安心したい。男子の下ネタと一緒で盛り上がるから」(28歳・会社員) のような、共感を得たい、もしくは盛り上がるネタとして、という回答が多数。「軽い彼氏自慢。男性はそれをよく思わないのかな？」(36歳・クリエイター)、「女性は他人と自分を比較し、自分が上位の場合に幸せを感じるタイプが多い。だから、“彼から高価なものをもらった”などの自慢話をするのでは？」(31歳・医療関係)、「私が不倫をしていたときはまったく誰にも話さなかった。相手を愛していましたから」(60代・セラピスト) などの意見も。

童貞とつき合った人、どうだった？

今回のアンケートでは約2割が「つき合ったことがある」と回答。彼女たちの声は……、「友達の紹介でつき合いました。セックス面以外はとくに違いはないと思う」(32歳・無職)、「ネットで知り合って飲みに誘った。童貞だから教え甲斐があったでしょ？ とよく言われますが、新鮮だったし、私の方こそ色々学ばせてもらいました」(36歳・クリエイター) だそうです。興味深かった回答は「たぶんある。童貞だろうな、って人とつき合ったことがあります。自分からはなかなか言い出せないようだったので、私が告白できる雰囲気をつくってあげました。感想は、夢見がちで理想が高い！」(39歳・会社員)。

30代後半で未婚男性って、難アリだと思う？

「まったく問題ない」（37歳・飲食業）という意見もあれば、半数は「やや難アリ」と回答。理由は「女性もお互い様。でも、知り合いの未婚男性たちはガラスのハートの持ち主が多い。つき合うには少々難アリだと思う」（37歳・会社員）、「よくも悪くもこだわりが強い」（42歳・サービス業）など。また、「9割は難アリ。何十人とデートしたけど、いい歳をして実家暮らし、コミュニケーション下手（会話がつまらない・自慢や自分の話ばかり）、チャラい人が多かった」（37歳・OL）と手厳しいのは、「私は30代後半未婚男子に出会いたいと思っています」（31歳・ネイリスト）という願望があるからこそなんですよね。

どこからが「セクハラ」ですか？

「居酒屋で大きな声で下ネタを話すような、控えめでない感じが最悪」（37歳・会社員）、「会うたび“最近いつやった？”と聞いてくる、自慢が入った生々しいエロ話をしてくる、仲良くなってないのにスキンシップしてくる」（35歳・自営）など、聞いてもいないのに性的な会話をされること＆許可なく触られることが一般的解釈。「相手が誰かが重要であって、行為自体に境目はないと思います。だいぶ極端に言うと、嫌な人からはどんな素敵な褒め言葉をもらっても気持ち悪い！ 好きな人からだったら強引にエッチに誘われるのでも全然OK!」（40代・エンジニア）というのは、女性の性質をよく表している気がします。

気になる《女子の心理とホンネ》

＼オクテ男子とつき合ったことある？／

「ある」は約３割。「煮え切らなかったので私からメールで告白。でも、返信が“○○ちゃんにはダメなところがいっぱいあるけど、つき合ってもいいよ”という上から発言で、少し腹立たしかった」（37歳・会社員）、「今の彼がオクテです。“つき合おう”のひと言がなかなか出てこず、相当なアシストをしました。結果、幸せなのでそこに不満はありませんが、タイミングが違えば他の人を選んでいたかも」（25歳・自営業）。女性のアシストがなければ、どうなっていたのかが気になるところ。つき合った後の印象は……「大事にしてくれた」（32歳・OL）、「母性を使える女性なら、楽しくつき合える」（50代・ミュージシャン）。

＼女性は、なぜ好きでもない男性とふたりで食事に行くの？／

「好きになれるかもしれないと思っているから。ご飯へ行くだけでも人となりが見えるし、その人を知るためでもある」（35歳・自営）のように、“お試し”感覚で行くという女性もいれば、「まったく恋愛相手として見ていない場合でも、その人と食事に行くことで得られる知識やツテ、ご馳走があると思って行きます。人間として興味があるから？」（25歳・会社員）と、自分の利益を考えて行く女性も。また「食事＝交際やセックスと結びつける考えが甘い。キズつきたくない甘えを、女の行動批判にすり替えるな」（34歳・自営業）という、「食事に行くのはOKサイン」だと思い込む男性をバッサリ斬る意見も。

恋愛のスイッチが入る瞬間ってどんなとき？

「単純だけど、接触したとき。手を握られたり抱きしめられたりなど、向こうの恋愛っぽい意識を感じたとき。あとは体臭が好きな匂いだったときかな」（32歳・会社員）、「この人、たまらなくかわいい！ とギャップを感じたとき。例えば、仕事ができていつも自信に溢れているのに、普段と違う寂しがり屋な姿を見せる、逆に、普段頼りないと思っていた男子がここぞというときに守ってくれるなど。器用な男性より不器用でシャイな人に惹かれます」（37歳・OL）、「相手のことをだんだん知って、ふと"もっと一緒にいたい"と気づいたとき」（42歳・サービス業）。聞けば聞くほど、色々な答えが出てきそうです。

つき合うかどうかは、見た目ですか？

「はい。なんだかんだ中身は外見に出ると思う」（32歳・会社員）、「見た目は大事!! イケメンがいいわけじゃなく、自分の好みかどうかで見る」（32歳・飲食）、「見た目の清潔感は大事。汚いのは論外」（31歳・ネイリスト）。見た目三連発ですが、顔のつくりというより、オーラ、好み、清潔感など"見た雰囲気"が大事だと言いたいみたい。それは「見た目ではない」という人も、同様に語っていたこと。また、年齢とともに変化するという意見も。「20代前半はカッコいい人が好きだったけど、20代後半に入ったら、結婚を意識して、優しさ、社会性、財力、浮気しない誠実な人かという方が気になる」（28歳・OL）。

Column

気になる《女子の心理とホンネ》

男友達が恋の対象に変わったことはある?

「ある」と「ない」は半々。「ほとんどがそう。きっかけはセックス。もしくはその人といて何気ない幸せを感じたとき」(25歳・会社員)、「男友達とうっかりHはあるけど、交際はない」(26歳・会社員)。男友達とセックスって、案外あるのですね。「恋愛の相談などをしているときに、優しく言葉をかけてくれたり、寂しいときにいつも気にかけてくれたりすると、気持ちがいってしまう」(32歳・飲食)、「基本的に男友達に恋するパターンのほうが多いです。きっかけは、相手の恋バナを聞いて“いいなあ”と思ったとか、そんな感じ」(35歳・会社員)。恋愛について語ることは、恋のきっかけになりやすそう。

最初から異性として意識する男性ってどんな人?

「顔や行動でキュンとなる男」(32歳・飲食)、「女性として扱ってくれる人」(31歳・フリーランス)と、見た目や行動で異性を意識する女性は多いが……。「相手がやたら触ってきたり、“かわいい”と言ってきたりする場合、意識はする。でも、それは警戒という意味であって、恋愛対象という意味の意識ではない」(30代・会社員)、「イケメンは意識するけど、恋愛感情にならない不思議」(35歳・会社員)。異性として意識をしても、それが恋愛感情に必ず結びつくものではようです。でも、「どんな人でも男だと思う」(32歳・会社員)という女性もいることだし、無理に“意識させよう!”と頑張らなくてもヨシ。

メールやLINEの既読スルー、どれくらいなら許せる?

「できたらその日のうちに。ひと言だけでもいいので!! 返すのが面倒な人は、事前に“よく既読スルーするよ”と言ってくれていれば、一方通行でも大丈夫」(32歳・飲食)なんて感じで、半日〜1日が多数。「本当に好きだったらそんなに長い間放っておけないと思うので、逆に放置の時間で相手の愛情を判断するかも」(40代・エンジニア)とは、ごもっともな意見に感じます。「LINEやメールをマメにする男性は、仕事ができないか、女慣れしているからイヤだ。私は相手に合わせるので3〜4日くらいなら気にしない。理由が分からない2週間は……難しい!!」(35歳・会社員)。デッドは1週間ってところかしら。

理想のデートってどんなのですか?

「車で迎えに来てくれて、自然のなかをドライブ。散歩して、一緒においしい食事をして、温泉に入る」(32歳・無職)、「共通の友達カップルとダブルデート」(28歳・OL)などの王道デートが理想な女性がいれば、「ありきたりなデートでなければいい。自分は新しい場所、新しい体験を伴うようなことであればテンションが上がる」(37歳・飲食)なんていうハードルが高めの女性もいます。また、「朝、パン屋さんでパンを買って、ハムやチーズを持って近くの公園へ。そこでサンドイッチをつくりながら色々話す時間が、一番好きなデート」(40歳・セラピスト)、「まだ、分からない」(45歳・パート主婦)も参考に。

気になる《女子の心理とホンネ》

メールのハートマークには、どういう意味がある？

「あなたのことが大好きです！」（30代・自営）と、恋愛心を込めて使う意見と、「よろしくね、という念押し」（34歳・自営）、「“てへぺろ”という意味。ふざけて使うときしかないです」（31歳・フリーランス）と、深い意味なく使う意見に分かれました。「あえて言うと色気。あわよくば好きになってくれないかなーという気持ちが数％はあると思う」（40代・エンジニア）、「女同士ではいっぱい使いますが、男性に使う場合は勘違いされたら困る人には絶対に使いません」（31歳・ネイリスト）、「ありがとう的な感謝として。大嫌いな人には絶対使わない!!」（32歳・飲食）。下心が隠れているケースがやや優勢です。

紹介やコンパで連絡先を交換できたら、脈アリ？

「私の場合は、“友達としてよろしくねー”的な感じで交換している。友達としても面倒な感じがする人や、興味ないときは交換したくないから、少しは脈アリなのかな？」（32歳・飲食）、「う〜ん……。幹事や相手に対するマナーとして交換するのも含まれるからねぇ」（28歳・OL）、「今は手軽に繋がれるLINEがあるから、必ずしもそうとは言えないのではないかな。でも、女の子の方から積極的に連絡先を聞いてきたら、脈アリだと思ってよし！」（37歳・OL）と、脈ナシという意見が多い。だけど「脈はなくても交換はします。が、そのあと仲良くなる可能性もあると思います」（25歳・会社員）なんて意見も。

どういう場所で彼氏を見つけているのですか？

「友達の友達とか、昔の知り合いだったとか、知り合いの飲み会で、とか……。話してみてお互いに楽しいなって思ったら、私はガンガンアプローチする!!」(32歳・飲食)、「若いころはナンパ、クラブ、合コン。最近は職場や友達の紹介」(28歳・OL)、「SNS」(37歳・OL)、「生活の範囲内」(40代・会社員)。参考にしてみてくださいね。また「思いもよらないところ。狙っているとロクなことはおきない!!」(42歳・セラピスト) という教訓的メッセージも。確かに「絶対出会う！」と意気込んで合コンや紹介に行くと撃沈しがち。期待せずに行った先で、うっかり出会うということは、よくあります。

好きな男性とはどんな話題で会話したい？

「家族や将来について話したい」(28歳・OL)、「話題より、楽しい雰囲気で沢山笑えることを重視します。たまーに私のマシンガントークにつき合ってもらえるとさらにうれしいです」(31歳・ネイリスト)、「私が聞き役になって彼の話をいっぱい聞いてあげたい。悩みがあるなら吐き出してほしいので」(45歳・会社員)、「普段は日常の報告。それで今の環境、心情などが分かるから。イチャイチャモードでは、思い切りエロくロマンティックな会話」(50歳・ミュージシャン)。女性の年齢とともに、包容力がアップしていますね。「何を話していても楽しいのが好きな人です」(40代・エンジニア)。うん、確かに！

Column

気になる《女子の心理とホンネ》

男性がスケベなことを考えているときって分かるもの？

「分かる」「分からない」は半々くらい。「分かる」と答えた女性に詳しく聞いてみました。「変に無口になり、目線が微妙にうつろになる。そういう時に話しかけると、だいたい声がこもる。鼻に息を通さないで発音する感じの第一声。鼻息が荒くなるのを隠そうとしているのでしょうか？」（32歳・OL）、「どんなに隠しても、どこかに見える。女子は、敏感」（35歳・会社員）、「目で分かる」（28歳・OL）、「ニヤニヤしていたり、急に触ってきたり、やたら熱い視線を感じたりする」（32歳・公務員）。なぜか、自分について答えてくれた女性も。「分からないけど、私は常にスケベなことを考えています」（30代・自営）。

つき合う前にセックスする女性の心理って？

「絶対する派。つき合ってから合わないのは悲劇」（32歳・自営）、「もう少し知りたいから」（23歳・会社員）と、相手のことを知るために自らの意思でという心理。対称的なのが「彼が好き過ぎて断れない」（45歳・主婦）、「断るのが面倒。したいと思っているわけではないし、それでつき合おうとも思ってない」（24歳・自営）という、嫌われたくなくて、流されてという心理。また、「セックスをそんなに重要視・神聖視していません。セックスもLINEも、さほど変わらない」（40代・会社員）、「欲望に従っただけよね。心理なんかない」（32歳・自営）というふうに、単純にセックスがしたくてというだけのことも。

後編

セックスのはなし

Chapter 4

女性を知る

相手の心と体を理解することで余裕を持った向き合い方ができる

あなたは女性のことをどのくらい知っていますか？

「全然分からない」と正直に言えるなら、ラッキーです。知っている気持ちになって「女はこうだ」なんて上から目線の男性って、女性ウケが悪いですから。

ここからは、セックスについてのお話です。拍子ヌケするかもしれませんが、一番大切なことは、女性の心と体を知ることです。これは女性とつき合う上でもとても重要なので、本当は最初に読んでいただいた方がいいページです。むしろ、この項を読むだけでも十分にいい恋ができます。

女性の心と体を知っておくとよい理由はふたつ。

ひとつは、おつき合いもセックスもスムーズにいくようになるから。再びゲームを例にして説明させていただくと、モンスターと戦うとき、敵の性質を知っていれば攻略がラクです。知らなければ強い敵が倒せないので、ストーリーを進められなくなります。相手の攻撃の仕方、動き方、体力などの情報をたくさん知るほど、こちらが有利に戦えるようになります。女性の心と体のことを知るのも、性質を知るのと同じことです。女性を知れば、恐れて逃げ出したり、挙動不審になったりすることなく、余裕を持って女性と向き合うことができるようになります。

もうひとつは、女性から信頼を得られるから。女性の心と体を知ろうとすると、女性はひとり一人違うということが分かってきます。すると、「生理痛がひどくて意識を失うほど」という女性に対して「大変だねえ」と寄り添うことができるのです。知らないと「大げさでしょ？」なんて言ってしまって、嫌われるわけです。

では、次のページから女性の心と体を紐解いていきましょう。

女性の心を知る

女性がセックスに対して抱く、リアルな気持ちをピックアップしました。「女性は受け身で、性欲がなくて、男性がしたがるからセックスをする」というイメージがいまだにありますから、ここで紹介する女性心理を見て、「えーそうなの?」と違和感を覚えることもあるかもしれません。そこは、あなたの中で「女性とはこうである」と決めつけているところ。「そういう女性もいるんだ。へ〜」と認める作業を行っていきましょう。ひとつ受け入れるたびに、理解度がアップするはずです。

186　セックスの価値観は人それぞれ

セックスをしたい女性もいれば、できればしたくない女性もいます。主な理由をまとめたので、参考にして、色々ある女性の気持ちを理解して。

セックスをする理由

1 | **愛のため**　女性がセックスをする最も多い理由は、好きな人との愛の確認。

2 | **体の欲求のため**　快感を得たい、性欲を発散したいという、体の欲求を処理する目的。

3 | **リラックスできる**　セックスの後は、体がリラックスしやすく寝つきもよくなります。

4 | **スポーツ感覚**　汗を流してスッキリしたい。スポーツ感覚でセックスをすることも。

5 | **断れなくて**　彼氏や夫からの誘いを断ることができなくて、受け入れるケースも。

6 | **子供を授かるため**　セックスは妊娠する行為ですから、当然子供がほしいときします。

セックスをしたくない理由

1 | **妊娠・性感染症が怖い**　妊娠したらどうしよう、性感染症になったら……という不安があるから。

2 | **肉体的苦痛**　挿入が痛い、体位がしんどい。気持ちよくないのを隠すのが苦痛。

3 | **性への嫌悪感**　社会や親からの刷り込みで、セックスに対する嫌悪感があるため。

4 | **コンプレックスがある**　胸が小さい、太っているなど、コンプレックスを隠したいから。

5 | **潔癖**　他人の体液や汗が苦手だという理由で、セックスに踏み込めない人も。

6 | **過去のトラウマ**　レイプや痴漢などの性的被害がトラウマになり、拒絶することも。

187　うっかりしてしまう女性もいる

女性がセックスをする理由に、お酒に酔うなどの「勢いで」というのもあります。この場合「好き」という感情がなくてもできる場合もあるので、女性とセックスをできたからといって「つき合えるはず！」と思うのは気が早いかもしれません。

188　セックスすることで彼女に

セックスをする理由が「愛のため」だと強く信じている女性なら、セックスをしたら「セックスをしたんだから彼は私とつき合っているはず」と思い込んでしまうこともあります。したがって、セックスは、責任を持って取り組みましょう。

189　緊張には種類がある

女性はセックスのときに体がこわばることがあります。そうなると濡れにくくなったり、挿入時に痛みが起きたりします。考えられる理由は、緊張し過ぎ、もしくは、セックスを怖い、嫌だと感じている……など。まずは心を落ち着かせてあげて。

190　男性に奉仕する３つの理由

女性が男性とのセックスにおいて、奉仕する主な理由を３つ紹介。①単純に攻めるのが好き。男性が気持ちよさそうな顔を見て興奮する。②気持ちよくしてもらったからお返しに。③自分の体に触られたくない、挿入されたくないから。

191　セックスを誘えない理由

セックスをしたいのに自分から誘えない女性の心理は、「嫌われたくない」が最も多い。「女性は受け身」という思考が強く、積極的になってはいけないと思っているのです。「したいときは言ってね」と伝えてあげるといいのでは？

192　なぜ、したいのに「イヤ」というのか

「嫌よ嫌よも好きのうち」という言葉があるほど、好意があっても「イヤ」という女性は多い。No.191（P86）と同じで「女性は受け身」という刷り込みからきているようです。彼女の本音を引き出すには、あなたが本音でぶつかることから。

193　体に自信がない

完璧に見える女性でもなにかしら体のコンプレックスを持っています。胸の大きさや体形だけでなく、ほくろや耳の形など、ささいなことで悩んでいる女性も。コンプレックスを「好きだよ」と言ってあげると安心するでしょう。

194　射精不全を自分のせいだと思う

男性は思うように射精ができないこともあります。男性もショックかもしれませんが、女性側も「私が色っぽくないからかな」と暗くなりがち。これだけ社会が色気を重要視すれば当然です。「緊張していた」などの理由を言ってあげて。

195　求められなくなると不安

恋人にセックスを求められなくなると、「私に興味がないの？」「浮気してる？」と不安になる女性もいます。こう質問されたら、男性的には「信頼されていない？」と感じるでしょうが、セックスを愛だと信じている女性特有の傾向です。

196　セックスレスになりたくない

将来セックスレスになることを必要以上に恐れている女性は少なくありません。レスになることは、「愛がない」と思うだけでなく、「女としての魅力がない」と思い込んでしまうから。そんな女性に必要なのは、セックスより自己肯定力です。

女性の体を知る

女性と男性の体の一番の違いは、性器だと思いますよね。でもじつは、男性器と女性器の大本は同じ。胎児はすべて女性器から始まります。男の子の場合、クリトリスがペニス、大陰唇が陰嚢へというふうに男性器へ変化します。元が同じだと考えると、難しく考えていた女性の体も、身近に感じやすいはず。そんな性器の話から、女性の体にだけある月経や女体トリビアについてご紹介。また、女性は体の状態につられて心も変化します。つまり体について知っておけば、心までケアできるようになります。

197　外性器と内性器

性器は、目で見ることができる外性器と、体の中にある内性器に分けられます。外性器は、恥丘、膣口、大陰唇、小陰唇、クリトリス(陰核)、クリトリス包皮、外尿道口、会陰など、内性器は、膣、子宮、卵巣、卵管などを含みます。

［外性器］

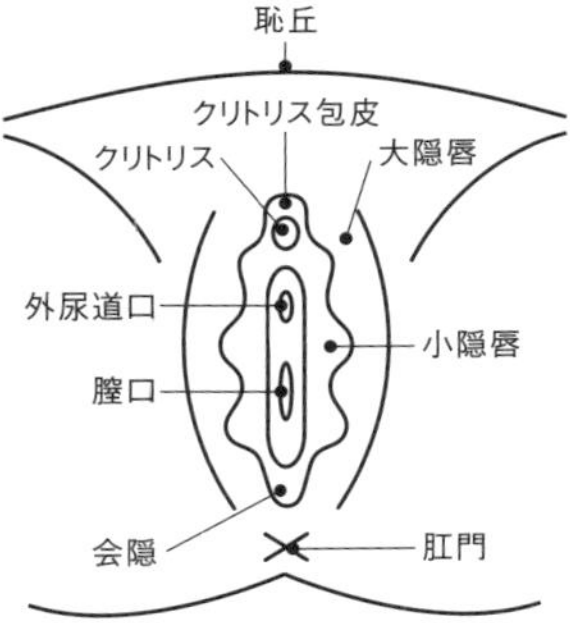

［内性器］

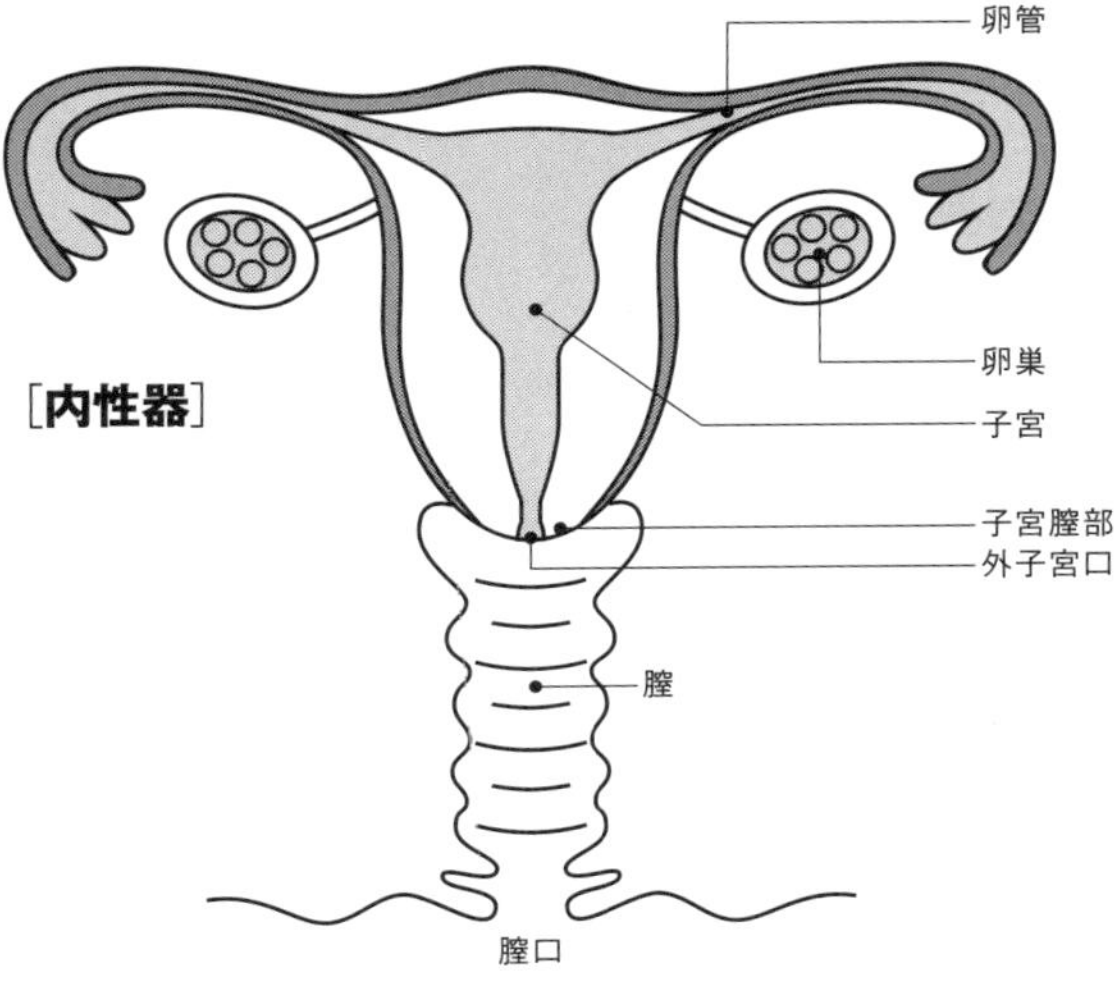

198　クリトリス（陰核）

外性器にあり、ペニスに当たる部分。血管と神経が集中していて、性的興奮を受けると充血してふくらみます。小さな突起のようですが、見えているのは男性でいう亀頭部分。体内では、竿に例えられる部分が膣口を囲むように伸びています。

199　大陰唇

外性器の一番外側にある、ふっくらとした部分。内側の膣口や外尿道口を保護する役目があります。セックスのときのクッションのような役割も。男性でいう陰嚢部分です、優しく震わせるように刺激するなど、触り方は自分の体で練習を。

200　小陰唇

大陰唇の内側の左右にある、ひだ。性的刺激を受けると充血してふくらみます。大陰唇と同じく、膣口などデリケートな部分に雑菌が入らないようにする役目があり、大陰唇からはみ出しているような形状の女性も珍しくありません。

201　膣

膣口と子宮を結んでいる、7～8cmの器官。ペニスを受け入れるだけではなく、月経血の出口、胎児の産道など何役もこなします。おおよそ指が届く長さですので、万が一、中でコンドームが外れても指で取り出せます。

202　子宮

胎児を育てる器官。妊娠しないときは、月に1回のペースで子宮内膜という、子宮の内側の血液の膜が剥がれ落ちます。これが月経。子宮の入り口にできるがんを“子宮頸がん”といい、若い女性の発症率が高まっています。

203　卵巣

卵子をつくり出す場所。女性は胎児のときから数百万個の原子細胞を持っていますが、生涯で実際に排卵されるのは約500個。排卵後、タイミングよく精子と出合えば妊娠。妊娠や健康をつかさどる、女性ホルモンの分泌も行います。

204　Gスポット

男性なら知らない人はいない、でもいまいち分からない快感スポット、それがGスポットのイメージ。膣口から3～4cmのお腹側にあり、中指を第2関節まで入れて曲げ、指先に当たる部分とされています。ザラザラしていると表現する人も。

205　Pスポット

近年知られてきた、ポルチオという快感スポットのこと。膣の一番奥、"子宮頸部"といわれる子宮の入り口部分。Gスポットよりも強烈な快感を得られるといわれていますが、刺激になれていない場合、無理に刺激されても痛いだけ。

206　性感帯は見えないところに多い

女性の性感帯は人によって違います。全身いたるところが性感帯になりうるといえますが、覚えておきたいのは、直立したとき見えない部分。例えば、腕の内側、わきの下、横腹、脚の内側などが、より感じる女性が多い。

207　毛のあるところは大事

わき毛や陰毛は、もじゃもじゃだと嫌われる傾向にありますが、毛が生えているところは大事な部分。敏感な部分でもありますし、一説ではフェロモンともいわれる"ワキガ"の原因となるアポクリン腺がある場所でもあります。

208 月経と妊娠

月経がある女性の体は、妊娠する、しないに関わらず毎月妊娠に向けて準備しています。月経は、妊娠するために用意した赤ちゃん用のベッド(子宮内膜)を排出することだからです。女性の体には、常に妊娠が身近にあることを忘れないで。

209 ふたつの女性ホルモン

２種類の女性ホルモンの働きで、女性の月経リズムはつくられています。月経後から排卵に向かう約１週間は“エストロゲン”が増えて女性を魅力的にし、その後月経までの２週間は“プロゲステロン”が妊娠キープに備えて働きます。

210 月経前は人が変わる

排卵後から月経までは、妊娠を想定して、体が水分や栄養を溜め込もうとする時期。むくみ、ニキビ、シミ、頭痛、過食、イライラ、メソメソといったトラブルが起きやすく、これらの症状を総称して、PMS(月経前症候群)と呼びます。

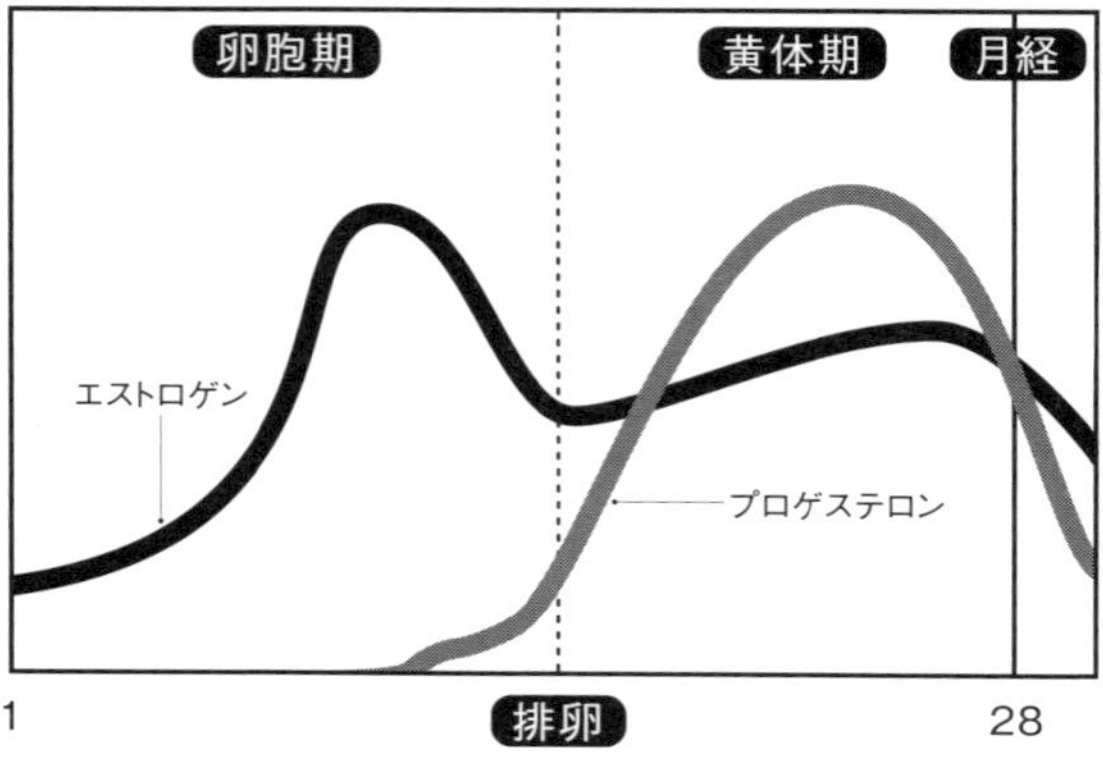

211　月経周期と体　～月経中～

正常な女性は25～38日周期で月経があり、3～7日ほど続きます。その間は、腹痛、頭痛、腰痛といった月腹痛や、吐き気、下痢、イライラ、貧血、だるさ、むくみなどさまざまな不調が出やすいもの。できるだけゆっくりと過ごしたい時期です。

212　月経周期と体　～月経後～

月経が終わると、気分が爽快になり、体もスッキリ軽く、肌ツヤがよくなる傾向にあります。それは妊娠可能な排卵日に向けて、異性を引きつけようとする働き。排卵は、次の月経初日から逆算して、約2週間前に起きます。

213　月経周期と体　～排卵後～

排卵後の卵子の寿命は24時間ほど。精子の寿命は平均して2～3日。長くて7日。つまり排卵の1週間前くらいから妊娠する可能性が。排卵後の体内は、受精卵が着床しやすいように、子宮内膜をふんわり柔らかくしています。

214　月経痛

月経痛は、ほとんど感じないという人から、意識が飛ぶほどひどい人までさまざま。主な原因は、経血を押し出すときの子宮の収縮ですが、子宮内膜症などの病気が隠れている場合も。腰やお腹をさすってもらうことで痛みが和らぐことも。

215　おりものについて

女性の膣からは、おりものという分泌物が出ます。膣内の潤いを保ったり、雑菌の侵入や増殖を防いだりする大切な物質で、口内を守る唾液のようなものです。おりものの量やニオイ、色などは、女性の健康をチェックするバロメーター。

216 女性の体はとにかく温める

“冷え取り”がブームになるように、とにかく女性の体は冷えを嫌う傾向にあります。冷えると、体調はもちろん美容にも悪影響を与えるからです。血流が悪くなり、血液中の、肌や髪の美しさの元となる栄養が届かなくなってしまうのです。

217 盲点は頭皮

頭をなでられるのが好きな女性は多いもの。単純に愛を感じて嬉しいというだけでなく、頭皮には神経がたくさん集まっているため、優しくなでられるととても気持ちがよくなるのです。なでるだけで抜群の効果があります。

218 ボリュームあるお尻がいいわけ

女性らしいボリュームのあるお尻は、安産の象徴。胎児を守るために、脂肪のついたお尻は大切です。しかし、女性たちは、必死にモデル体形を目指そうとしがち。あなたから「ダイエットしなくても十分キレイだよ」と言ってあげて。

219 おっぱいは揉むべし

おっぱいは女性のためにも揉みましょう。というのも、女性のがんで最も多い“乳がん”は、パートナーに日常的に揉まれていることで、発見されることが少なくないから。激しく揉むのではなく、コリッとした固まりがないかチェックしながら。

220 濡れるメカニズム

女性器が濡れるって、男性にとっては不思議なことですよね。性的刺激を受けたり、興奮が高まったりすると、骨盤内に血液が集まります。血液の成分が膣壁からにじみ出たのが愛液（膣分泌液）。例えるなら、膣が汗をかいているような感じ。

221 オーガズムの正体

女性のオーガズムは、ただ気持ちいいだけではなく、重要な働きがあるといわれています。オーガズムを得ると、子宮周辺の筋肉が収縮します。それは膣内に放出された精液を子宮に吸い込もうとする働き。つまり妊娠しやすくするためです。

222 知っておきたいオキシトシン

“愛情ホルモン”“幸せホルモン”などと呼ばれる“オキシトシン”というホルモンがあります。これは、信頼を高める働きがあり、肌と肌のふれ合いで分泌されやすくなるとか。なでる、さするなどのスキンシップ、侮れません。

223 ストレスと感度

彼女が「最近あまり感じない」と言うときは、ストレスが原因かも。ストレスが多いときは、脳もダメージを受けていて、性欲や感度をつかさどる部分も弱りやすいからです。まずは体を休める、不満を聞くなどのストレスケアを。

224 脂肪の秘密

悪者にされがちな脂肪。しかし女性には適度な脂肪が必要です。なぜなら、脂肪にはクッションのような役割があり、繊細な女性の体を守る働きがあるから。また、抱きしめたときの気持ちよさも脂肪のおかげ。女性の脂肪、嫌うべからず。

225 くびれは健康の証

くびれた女性を美しいと思うのは利にかなっているようです。ウエスト÷ヒップの数値が0.7以下、つまりくびれ体形の女性は、ホルモンバランスがよく、妊娠力が高い健康体なんだとか。「モテる」ので、彼女がくびれていたらご用心。

性ホルモン【せいほるもん】

みなさんも一度は耳にしたことがあるであろう「性ホルモン」は男性と女性の体の違いを語るのに欠かせないワードです。男性ホルモン、女性ホルモンに分けられ、分泌量は違いますが男女ともに持っているホルモンです。ここではその働きをご紹介。

性ホルモンとは

ホルモンは、体内の器官でつくられ、血流に乗って、他の場所に運ばれ、体の成長を促したり、臓器の働きを調整したりする生理活性物質。自律神経などを支配する、脳の視床下部が分泌を微調整します。性ホルモンは、男女の性差を生じさせるホルモン。

◉男性ホルモン

筋肉や体毛などに関わり、男らしい体をつくる働きをするのが男性ホルモン。第二次性徴のときには、変声、陰毛の発生、ペニスの発育などに関わります。数種類の男性ホルモンがあり、作用が強く、最も有名なのがテストステロン。

・テストステロン……男性では主に睾丸から、女性は男性の1／10程度ですが、卵巣や副腎から分泌されます。男らしい体をつくるだけでなく、性欲を高める働きも。女性が月経前に強い性欲を感じるのは、女性ホルモン量の低下により、テストステロンが優位な状態だと説明されることも。

◉女性ホルモン

女性らしい体つきにし、女性を妊娠・出産のできる体に導く働きがある。卵巣でつくられ、以下のふたつのホルモンがよく知られています。

・エストロゲン（卵胞ホルモン）……月経後から排卵にかけて増えていく、別名「美のホルモン」。その理由は、全身に潤いを持たせ肌のツヤや代謝をよくする、「色気の素」だとも言われているため。この時期に色気が増すことにより、男性を引きつけ子孫を残そうとするメカニズムによって起きている現象。彼女が、いつもよりもウルウルツヤツヤしていたら、エストロゲンが多い妊娠しやすい時期かも。また、体内では、卵子の元になる卵胞を育て、赤ちゃんのベッドとなる子宮内膜を厚くするように働きかけています。

・プロゲステロン（黄体ホルモン）……排卵期から月経前に増えるのがプロゲステロン。子宮内膜をふかふかにするように働きかけ、妊娠したときにそなえます。このホルモンが多くなると、気分も体も重だるかったり、むくみやすくなったりします。それも、妊娠したときにそなえて、水分や栄養分を溜め込もうと、そして確実に受精卵を着床させるため、体をアクティブにしないためだという見解も。その他にも、過食、頭痛、眠気、肩こり、うつ、肌荒れ、ニキビ、シミなど、ＰＭＳ（月経前症候群）といわれる不快な症状を引き起こすことも。

Chapter 5

「セックス=AV」ではない

AVのセックスを信じる心が女性たちを苦しめています

「女性って触っていれば濡れるんでしょ？」

とは、某大学生の言葉。ああ……一般男子の知識はそんなものですよね。私は、ロマンスライターとして、15年近く女性の悩みを取材してきました。こういう、男性の勝手な思い込みが、女性を悩ませていることが、非常に多いんです。

冒頭の発言を、男女逆に設定すると「男性って触っていれば射精するんでしょ？」くらい雑な思い込みです。触っているだけで射精する男性もいるかもしれませんが、全員ではありませんよね？　人によって触り方の好みは違いますし、触るだけではいけない人もいます。中には、床にこすりつけるなど強い刺激がないと射精できない人も。そもそも、ペニスって、触れば射精するスイッチじゃないですよね。

想像してみてください。女性に、ペニスをツンツンされて「私が触っているのに射精しないなんて、おかしいんじゃないの？」と言われることを。怒る男性もいるかもしれません。経験の少ない、または気の弱い男性なら「僕、おかしいんだ……」と、深刻に悩むのではないでしょうか？　失礼極まりない話ですよね。

しかし女性の場合は、頻繁に同様のことが起きているのです。男性に「触っているのに濡れないなんて、おかしいんじゃない？」「触っているのにイカないなんて、おかしいんじゃない？」。こう言われたり、態度に出されたりして悩んでいるのです。

それもこれも、ＡＶのセックスをリアルだと思い込んでいる、言い換えると「セックス＝ＡＶ」になっているから、こんなことが起きているのだと思うのです。

Chapter5では、ＡＶを見ていると陥りがちな考え方にメスを入れます。リアルを知れば、あなたのセックスは、優しさに満ちた女性に嬉しいものになるでしょう。

セックスのリアルを知る

ドラマや映画を見て「僕の人生は、あのドラマと違う！　おかしい！」とは思いませんよね。でもAVを、なぜかリアルだと思い込んで「AV女優と、彼女の反応が違う！　おかしい！」と思う人は多いようです。AVが悪いわけではありません。AVも、ドラマや映画のように“魅せるためのもの”ということを、見る側が理解することが大事です。そして、AVでは、男性の中折れ、女性が濡れないなんてことはありえませんが、実際のセックスでは、そんなことは日常茶飯という事ことも知っておきましょう。

226 AVはエンタメと心得る

AVはエンターテインメントです。ほとんどが、男性のための娯楽ですから、セックスのマニュアルにするのは危険。それってお笑い番組を、日常会話のマニュアルにするようなもの。ボケとツッコミだけでは、人間関係はつくれませんよね。

227 AV女優のセックスは仕事

AV女優のセックスは、演技か否か。よく話題になることですが、演技です。本当に気持ちがいい場合もあるでしょうが、“AV女優”を演じているわけで、カメラが止まると素に戻ります。彼女たちは、仕事で感じているのです。

228 AV男優はパフォーマー

元AV男優いわく「いかに勃起を持続させるかが大事だから、感じている余裕なんてない」。彼らは勃起するプロなのです。素人のみなさんは、途中で萎えたり、勃起できなかったりしても、自分をなさけないと思わなくてもいいのです。

229 マネはできない

AV男優は、カメラ映りを気にします。右にカメラがあれば邪魔になるので右手は床につきません。女優の体がより映るように、自分の体はなるべく反らした体勢をとったりします。ですから、AVの体位の完コピは無理があります。

230 ファンタジーに留める

AVには、ロリコン、レイプものといったタイトルもあり、それで興奮する男性もいます。決して、間違えないでいただきたいのが、女優は仕事だからやっているだけ。実際にそのようなことをされてよろこぶ人はいません。

231 イクことは稀

AVを見ていると、女優がイクのは当たり前ですから、彼女にも「イッた？」と確認したくなるかもしれません。実際は、セックスでイクのは稀なことです。イクことを期待すると、女性はプレッシャーに感じて演技をせざるをえなくなります。

232 見分けがつかない「女性のイク」

元AV男優で、プライベートでも経験豊富な男性に聞いたところ「女性が本当にイっているかどうかは、見分けがつかない」とのこと。激しい動作がある女性もいれば、静かにイク女性もいる。演技が好きな女性も多いので、当然のことでしょう。

233 潮吹きは見世物

潮吹きは、AVの見せ場とも言えます。“潮吹き女優”と呼ばれる女優もいて、彼女たちは、事前に水を何リットルも飲む努力をして撮影に備えています。人気の潮吹きですが、女性に聞くと「気持ちよさとは関係ない」という声が多いもの。

234 ディープキスは視覚刺激

AVのディープキスほど大げさで現実味のないものはないと言えます。思い切り舌を出したり、大きな音をたてたり……あれは“魅せるためのキス”です。「ディープキスは難しいから嫌」「見た目の割に気持ちよくない」との声も。

235 トンデモキスにご用心

AVでは、ビックリするようなキスも登場します。中でも危険なのが目玉舐め。ドキドキ感を煽る演出ですが、マネをして目に炎症が起きた友人もいます。また、唾液交換なども頻繁に行われていますが、現実でする人はごくわずか。

236　コンドームシーンはカットされている

AVはエンタメですから、コンドームをつけるシーンはカットされています。しかし近年人気の、女性向けAVでは、安心感を与えるため、あえてつけるシーンを入れているものも。どちらにせよ、ほとんどの現場ではつけています。

237　常に濡れるわけではない

「すごいびしゃびしゃ」「こんなに濡らしてエロいなあ」などのセリフはAVでは当たり前ですが、女性は常に濡れるわけではありません。緊張や体調によっては、全く濡れない日も。直接膣内に注入できる潤滑剤を使う人もいます。

238　単調な動きは必要だ

女優が「イク」というと、男優は女性の体を大きく揺さぶるように激しく動いたり、動きを早くしたりします。カメラワーク的にいいからです。でもイクときは、そのまま単調な動きを続けてくれたほうがよかったりします。

239　中出しは命がけ

“ナマ中出し”は、AVの人気タイトルですが、やる方は命がけです。いちおう感染症がないか確認するにせよリスクは高まりますし、ピルを飲んでいる女優でなければ、“緊急避妊ピル”という体に負担の大きい薬を服用することも。

240　射精しなくてもいい

セックスには射精は絶対だと思われていますが、じつは、世界に伝わる性の秘伝書などには、「セックスで射精をしない方が健康になれる」という記載もあります。射精が必要不可欠だと思うのも、刷り込みだったのです。

241　顔射は避けよう

顔面射精、略して“顔射”。女性の顔に射精をすることに憧れている人もいるかもしれませんが、あれもまた演出。私が知る限りでは、「してほしい」という女性はいません。万が一彼女が同意してくれたとしても、目や鼻に入ると痛いです。

242　声も演出のひとつ

AV女優は、よく喘ぎます。それもまた演出のうちで、声をよく拾えるように近くにマイクがセッティングされています。真に受けて「彼女が全然喘がない。気持ちよくないのでは？」と思うのは早とちりです。声を出さない女性も多いもの。

243　体位を変えるのは台本通り

何度も体位を変えた方がいいと思っていませんか？　AVでは、飽きられないように指示通りに体位を変えているだけです。ひとつの体位でも、体や脚の角度で感度は変わるので、コロコロ変えるより先に、ひとつの体位に集中してみて。

244　電マに注意

最強のバイブだと思われている、電気マッサージ器。使うとAVではどんな女優も狂ったように。本当にハマっている女性もいますが、使ったことがない人には刺激が強過ぎます。あの強さに慣れると、感度が分からなくなることも。

245　男がヨガってもいい

男性がヨガってはいけないと思っていませんか？　男性が気落ちよくなっている姿を女性に見せてもいいんですよ。うそだと思うなら『SILK LABO』などの女性向けのAVを見てください。男優たちが気持ちよさそうな顔をしています。

246 下着は上下バラバラこそ自然

「女性の下着が上下バラバラでショック」という男性の声、「上下セットじゃないから焦った」という女性の声、両方聞きます。リアルな話、下着は上下セットではなく、バラバラの日の方が多いと思います。少なくとも私はそうです。

247 ムダ毛だって自然がリアル

「彼女のムダ毛にドン引いた」という男性の声も聞かれます。一般の女性たちは、見られる仕事であるAV女優のように、常に自分の体に意識を向けていられるわけではありません。ムダ毛の処理に手が回らない日だってあります。

248 本来フェラチオは特別な行為

私は、15年近くセックスにまつわるライターをしています。だからこそ言えるのですが、15年前は、フェラチオはアブノーマルな位置づけでした。ここ10年くらいでメジャーな位置に。してもらったらもっと感謝をしましょう。

249 一緒に見る

男性のオカズ的なAVですが、彼女が嫌がらなければ、一緒に見るのもありです。そのとき、「こういうの、どう?」なんて会話しながら見ると、相手のやりたいこと、やりたくないことが分かるはず。タイトル選びから一緒に始めるのも◎。

250 アナルは素人禁止

セックスに対する取材をしていると、アナルセックスに興味を持っている男女の多いこと。アダルトメディアの影響でしょうが、腸はデリケートな場所で雑菌もいっぱい。気軽にやると痛い目にあうことに。素人にはおすすめしません。

251　激しいセックスは場所を選んで

女性にいっぱい喘いでほしい、思い切り激しいセックスがしたい。AVを見ているとそんな願望も生まれるかもしれません。それなら自宅では難しいかもしれません。解放的な気分になれるラブホテルなら、声や振動が漏れません。

252　女性は暗いところが好き

男性と女性がよくバトルするのが、セックスの最中の照明。男性は「女性の体が見たい」と明るめを望み、女性は「ハズかしい」と暗めを望みがち。女性の体を見るのはAVで済ませて、彼女が心を許してくれるまでは、彼女の望む明るさで。

253　3分セックスもあり

「夫は、セックスは長くなければいけないと思っている」と時間の長さが苦痛だと告白されたこともあれば、「夫とのセックスは3分」と笑う主婦もいました。セックスの時間は、そのときの状況やふたりの体調に合わせて、臨機応変に。

254　唾液のニオイに注意

女性の全身を舐め回す、全身リッププレイ。AVでは、足の指まで舐めちゃって、女優は感じまくりですよね。でも、試してみたら、「体が乾いた唾液のニオイに包まれて、臭くて集中できなかった……」なんて声も。

255　激しい手マンはキズの元

私は、セックスをするとたまに膣口の周りの粘膜部分がキレて沁みます。粘膜はキズつきやすいので、激しい手マンは注意が必要です。AVの激しく見える手マンは、ふれているところは動かさず、腕を揺らして激しく見せている場合も。

256 タブー感は必要ない

セックスは淫靡でないと、セックスにはタブー感がないと。などと考えている人もいますが、AVの見すぎでは？ じゃれ合い、笑いが絶えないセックス、ゴロゴロしながらなんとなくINするセックス。そんなスタイルもありますよ。

257 おそうじフェラをねだらない

AVの世界では“おそうじフェラ”なるものがあるそうですね。射精後、女優が口でキレイにしてあげるテクだとか。女性誌で紹介されたときは、大ブーイングでした。自分から「してほしい」というのは避けたほうがよさそうです。

258 自分の精液を舐めてみる

女性の口の中に射精したり、いつかおそうじフェラを夢見ているのなら、一度自分の精液を舐めてみることをおすすめします。そうすれば、彼女が舐めてくれたときの喜びが何十倍にも増すでしょう。AVでもそんなシーン、あればいいのに。

259 女性器は花園？ グロテスク？

ハッキリ伝えます。女性器は秘密の花園というイメージがあり、ピンク色の美しいものだと思っているかもしれませんが、グロテスクです。ピンク色の女性もいますが、黒っぽい、赤っぽいなどさまざまな表情をしています。驚かないで。

260 AVでは伝わらない匂い

AVからは匂いは伝わりませんが、英雄ナポレオンがチーズの匂いを妻の性器のものと勘違いし「今夜はダメだ」と言ったという小話もあるように、女性器は独特の匂いがするのは普通のこと。腐敗臭なら病気の可能性ありですが。

Chapter 6
前戯は日常から

体にふれるだけじゃない大事なのは、心の愛撫

「前戯って何分くらいすればいいんですか？」

童貞くんからの質問に、「前戯なんて、わざわざしなくていいかもよ？」と答えると、彼はポカンとした表情に。読者の方も同じ反応をしちゃったかしら。

前戯とは、性交の前に、お互いの性的興奮を高めるために、手や口で行う愛撫のこと。キスも含みます。セックスにおいて、当たり前の手順だと思っている方が多いでしょう。一般的なマニュアルには「十分に前戯を行わないと、女性にとっては苦痛です。場合によっては性器がキズついてしまう可能性もありますよ」と書いてありますし、私も同様に思います。前戯は楽しくて気持ちいい時間ですし、前戯が

あるからこそ、スムーズな挿入が可能です。だけど、「前戯は十分にしなければいけない」と思っていると、次第にセックスが面倒になったり、おっくうになったりしがちだということもお伝えしたいのです。それが日本人に〝セックスレス〟が多い原因のひとつではないか？　と思うこともあるから。

あまり知られていませんが、「前戯なんて面倒」「即入れてほしい」という女性もいます。それは、想像力が豊かで少しの刺激ですぐに潤うか、日常で満たされているから。性的興奮を高めるのは、触ることだけではありません。むしろ、前項のように、触れば興奮すると思ったら大間違い。性的興奮を高めるには、言葉で愛を伝えること、楽しいこと・幸せだということを表現すること、欲情を直接伝えること……そういった心の興奮を伝えること。言い換えるなら〝心の愛撫〟も大切です。これを知っていれば、「前戯に時間をかけなければいけない」という考えから解放され、もっと気軽にセックスが楽しめるようになるでしょう。

大切にされると女性は感じやすくなる

前戯には、心の愛撫が大切です。日常的に行えば、彼女はいつでもウエルカム状態になりますよと言われても、いまいちピンときませんよね。ここからは具体的に、どんな行為が女性の性的興奮を高めるのか紹介していきますね。要点をまとめると、言葉、表情、しぐさを駆使して、女性を大切に扱うことです。疲れやストレスがあると、興奮なんてできる状態ではなくなるので、体調ケアは最優先。大切にされた女性は、心が温まり、体もリラックスし、快感を得やすい体質になっていくでしょう。

261　愛情をこめた眼差しで見つめる

「もっと私を見て！」と不満を持つ女性は少なくありません。彼女と一緒にいても、仕事のことなど別のことを考えて上の空になる男性がいるからです。だから、愛情を込めた眼差しで見つめてあげるだけで、満足させられることも。

262　指先のエロスを意識する

男性の指先にエロスを感じるという女性もいます。PCのマウスをクリックしている指、小動物をなでる指なんて、とくに想像力をかきたてられるよう。「自分が触られている気分になる」と言う女性もいるので、見られていることを意識して。

263　レディーファーストをしてみる

欧米の文化だと思っているかもしれません。でも“重い荷物を持ってあげる”“扉を開けて先に入れてあげる”など簡単にできることは是非マネしてみて。大切に扱われているなと感じた彼女は、幸せそうな表情を見せてくれます。

264　さりげないボディタッチを増やす

別れ際に「じゃあな」と頭をポンポンと叩く、トイレに立つときに「行ってくるね」とそっと肩にふれるなど、愛する彼女へのさりげないボディタッチ。彼女は、いつも意識してくれているんだなと感じて、心はじんわり温かくなります。

265　恋人つなぎをする

手をつなぐとき、指を絡めてつなぐことを“恋人つなぎ”と言います。普通に手をつなぐよりも、愛情が伝わりやすいので、それだけで愛の世界へどっぷり浸ってしまえる女性も。手に汗をかいたら、「緊張しちゃって」と正直に言ってヨシ。

266　おいしいものを一緒に食べる

幸せな時間を共にするのも、心が潤う前戯のうち。たいがいの人が幸せになれるのが“おいしいものを食べる”ことです。「こんなにおいしいものを一緒に食べられるなんて幸せ」という気持ちが伝わるほど、彼女も満ち足りた気分に。

267　ふたりでひとつのものを食べる

スペシャルにおいしいものでなくても、ひとつのものを一緒に食べるというのも、幸せを感じる行為です。アイスなどを「あ～ん」と食べさせ合うのは恋人同士の醍醐味。楽しくてハートが高鳴れば、彼女のハートだって喜んでいます。

268　回し飲みをする

回し飲み。言い換えると“間接キッス”。好きな人とのソレは、内心ワクワクするものですよね。人前だとよけいに心も体もホットになっちゃったり♪　ただし潔癖症だったり、分け合うのが苦手だったりする人もいるので気をつけて。

269　食べこぼしをとってあげる

食事をしているとき、口元にご飯粒などがついてしまうことがあります。「ちょっと動かないでね」と言って、指先で優しく取り除いてあげましょう。彼女はちょっと恥ずかしくて胸がドキドキ。それが、性的興奮の呼び水になることも。

270　手を包み込む

気づいていないかもしれませんが、手はとっても饒舌です。愛情を込めて、彼女の手を包み込んであげると、あなたの気持ちや優しさはきっと伝わります。彼女が落ち込んでいて、言葉をかけづらいとき、そっと手を包み込んであげて。

271　ギュッと抱きしめる

力強い男性の腕で抱きしめられると、血管が圧迫されて一瞬何も考えられないような時間が訪れます。それはちょっとした非日常感を味わえていいものです。腕をほどかれた後に訪れる体の解放感もまた、リラックス感を得られて◎。

272　背中をさする

幼いころに母親にさすられた記憶からか、泣いているときに友人にさすられた経験からか、背中をさすられると、心も体も緩むような感情が伴いやすいもの。彼女の気分が悪そうなとき、落ち込んでいそうなとき、そっと背中をさすってあげて。

273　一緒にストレッチをする

セックスの準備運動やスキンシップとしても、ふたりでストレッチはおすすめ。脚を開いて向き合って座り、両手をつないで交互に引っ張り合う。背中合わせで立ち、バンザイをして両手をつなぎ、背中を反らせるなど……ぜひトライを！

274　密着して踊る

海外のクラブなどでは「それ、前戯だよね」ともいえるほど、体を密着させて踊る男女は珍しくありません。日常にそんなダンス習慣があれば、ふれたりせずとも即本番だって当然でしょう。踊りは、体を解放させる役割があると思います。

275　足裏マッサージをする

足の裏には、体の特定の部分とつながる反射区（ゾーン）があり、揉むと健康効果が。生殖器のゾーンがあるかかとを中心に、足の裏を親指でほぐしてあげて。「足裏なんて……」という恥ずかしい気持ちや、くすぐったさが、エロスの刺激に。

276　ハンドマッサージをし合う

体のケアをし合うことは、お互いのことを「大切にしたいと思っている証。簡単なハンドマッサージから始めてみましょう。親指で手のひらをプッシュしたり、指のつけ根から指先に向けてつまむだけで、とても気持ちいいもの。

277　肩を揉む

肩こりなどの不調があると、しんどくて性欲に火がつきにくくなってしまいます。マッサージでほぐしてあげられると◎。体がラクになれば、性にも積極的になれますし、自分の体をラクにしてくれる男性には、女性も心を開きやすく。

278　頭をなでる

No.217（P94）で頭皮には神経が集まっていて、なでられると気持ちがいいとお伝えしました。彼女の元気がないとき、イライラしているときなどに、やさしくなでてあげて。気持ちよくなるとともに、心が落ち着きを取り戻すでしょう。

279　髪を乾かしてあげる

彼女の髪が濡れているときに、タオルで拭いてあげたり、ドライヤーで乾かしたりしてあげましょう。まるでどこかの国のお姫様のような扱いに、うっとりしない女性はいないはず。髪の毛をブラッシングしてあげるのも◎。

280　一緒にゴロゴロする

ふたりでいるとき、何かしていないと時間がもったいないと考える人もいますが、一緒にゴロゴロする時間は、実はとっても大事。何度も言うようですが、セックスで気持ちよくなるには、体がリラックスしていることが重要だからです。

281　仕事の愚痴を聞く

「仕事の愚痴を聞くのが前戯!?」と思うなかれ。人はうっぷんを溜めた状態のときは、戦闘モード。つまり、体は緊張状態です。感じるなんてもってのほか。しかし、誰かに愚痴を吐き出せると、しだいに緊張がほどけていくもの。

282　ライブでトリップする

ミュージシャンのライブやコンサートで感じる、解放感、爽快感、トリップ感などと、セックスで無我夢中になっている感じって似ているなと思います。セックスの緊張をほぐすきっかけになることもあるので、ふたりでライブは、アリ!

283　温泉でのんびり

日々の仕事を頑張っていると、疲れやストレスが溜まり、生命活動を維持する自律神経のバランスが乱れてしまうことも。そうなると肌トラブル、性欲ダウンなどさまざまな症状が起きます。定期的に、温泉やスパなどへ一緒に行き息抜きを。

284　キャンプへ行く

自然のリズムに合わせて暮らすのは、自律神経のバランスを整えるのには最も必要なこと。ときには、地面にテントを張り、野外で寝たり過ごしたりする体験もおすすめです。パワーを充電でき、パワフルに愛し合えそう。

285　裸足で歩いてみる

自然の中へ出かけるのが難しければ、裸足で公園を歩いてみるだけでもいいです。洋服や靴に守られて生きていると、本来持っている五感が鈍り、感度も鈍くなりがちに。靴を脱ぎ捨ててみるだけでも、敏感さを少しは取り戻せます。

286　ダブルデートをする

お互いの友人カップルと食事に行ったり、どこかへ出かけたりするのもおすすめです。ほかのカップルの仲のよいところを見ると刺激になり興奮度は高まります。また、よそ行きの顔をしたお互いの姿も新鮮に感じられて、いい雰囲気に。

287　カラオケでシャウト！

彼女と一緒に大声を出しましょう！　爽快感で気分が明るくなり、感じることを邪魔しようとするストレスや不安な心を追い出せます。また、お互いに素の姿を見せ合うことで、テレがなくなりセックスのときも自然体でいられるように。

288　ウォーキングでセロトニンアップ

“幸せホルモン”と呼ばれる神経伝達物質セロトニンは、リズミカルな運動で分泌されやすくなります。「一、二、一、二」と速めの規則的なテンポで彼女とウォーキングをすれば、体はホット、心も満たされた幸せな状態になれるでしょう。

289　食べもので幸せになる

セロトニンの材料になるのが、必須アミノ酸の一種である、トリプトファン。バナナ、大豆製品、肉、魚、卵、乳製品などに含まれています。トリプトファンの吸収に必要な、ビタミンＢ群も一緒に摂るのが効果的です。

290　一緒に料理にチャレンジ

つくる料理を決め、買い出しに行き、作業を分担しながら調理をし、相談し合い味を調える。こうした料理の一連の流れをふたりで行うと、お互いの好き嫌いやペースがつかめるように。これはセックスの好みを知ることにも通じます。

291 母性をくすぐってみる

ひざ枕や、耳かきをねだったり、ときには「今すぐ会いたい」などと甘えてみたりしてみましょう。母性を刺激されて、キュンとしてしまう女性もいます。中には、そういうことは恥ずかしい、面倒で嫌だという女性もいますけどね。

292 耳元でエロスをささやく

デート中、そっと彼女の耳に口を近づけて「興奮してきちゃった」などとそのときの状態をささやいてみる。ナイショ話というシチュエーションだけでもドキドキするのに、その内容がエロスなことだったら、た・ま・ら・な・い!

293 香りで誘う

香りと感情はセットで記憶されることが多いそうです。いつもつけている香水があれば、その香りがするたびに彼女を条件反射でうっとりさせることも可能に。ベッドタイム用のフレグランスを一緒に買いに行くのもいいでしょう。

294 フィットした服を着る

男性が、体にフィットした洋服を着ると、それまで目立たなかった筋肉が強調され、得もいわれぬエロスをかもしだせることがあります。上着を脱いでタンクトップ姿になった瞬間というのも、女性がドキッとしやすいシチュエーションです。

295 上着を貸してあげる

彼女が寒そうにしているときに、そっと自分の上着を脱いで貸してあげる。またはマフラーなどを巻いてあげる。それだけでも立派な胸キュンしぐさ。冷えを嫌う女性たちにとって、温かくしてくれる男性のポイントは高いものです。

296 後ろから抱きしめる

例えば彼女がキッチンで料理をしているときや、待ち合わせ場所に立っているとき、そっと後ろから抱きしめてみる。背中を守られるように抱きしめられると、スイッチが入っちゃうこと多し。驚かせないように、声をかけて近づいて。

297 ひざに座らせる

ソファーに座っている状態で「おいで」と手を広げると、彼女はひざの上に座ってくるかもしれません。ムードがよければ向い合せで座ってくる、なんてドキドキのシチュエーションも。その状態でのイチャイチャは格別です。

298 いたずらする

すれ違いざまに彼女のお尻にタッチしたり、トイレに行っている隙に隠れたり。そんないたずら心を持って彼女に接してみる。子供のころのように、無邪気に怒ったり、探したりすることになり、自然とふたりの距離はぐっと近くなるかも。

299 げらげら笑う

笑うと、免疫をになうNK細胞が活性化し免疫力がアップ。ストレスが解消でき、病気を遠ざけます。彼女といるときは「笑い」を意識して過ごすと、お互いに健康的な体に。つまり男性は勃起しやすく、女性は濡れやすい体に。

300 ときにはケンカをする

“ケンカするほど仲がいい”というように、ときにはケンカも大切。不満は伝え合ってこそ、関係性が築けるもの。またケンカ中は、脳内にセックス時同様にホルモンが充満し興奮状態に。ケンカの後のセックスが気持ちいいのも納得。

301　人前でほめる

日本の男性は「うちの家内なんて全然ダメですよ」なんてふうに、人前で自分の妻にダメだしをすることが多い。そんなふうに言われたら、いくら謙遜でも妻のテンションは下がってしまいます。謙遜はやめて、人前で彼女をほめましょう！

302　下着をつけないでデート

エッチな漫画などでありそうなシチュエーションですよね。下着をつけない彼女とデートをしたら、ふたりとも「誰かに見られやしないか」と心配したり、「このままどこかへ行ってそのまま……」なんて妄想をしたり……もう大変！

303　セックスの予約をする

同居している場合はセックスを後回しにしがち。そこで、予約制という手も。ある夫婦は、セックスのことを「出張」と呼んで「明後日出張お願いします」というように楽しそうです。予約をするだけで、ワクワク感はヒートアップしそう。

304　ボディクリームを塗ってあげる

女性が、体の保湿のためにボディクリームを塗っていたら、手が届きにくい背中などに塗るのを手伝ってあげると喜ばれるでしょう。彼女の体がキレイになるだけじゃなく、肌のふれ合い効果で親密になれるホルモンも出て、一石二鳥です。

305　別れ際にハグ

デートの帰りはなごり惜しい時間です。シンプルに「じゃ」と言われるよりも、ギュッとハグをされると、しばらくはその余韻に浸れ、幸せ気分に。愛されているなと感じる行為です。恥ずかしくても、肩にふれるくらいはしてほしいところ。

女性とオーガズム

「頭の中が真っ白になる」「ジェットコースターの急降下みたい」……さまざまな表現で語られる女性のオーガズムは、男性のみなさんにとっては未知の世界でしょう。実は理にかなった現象である、オーガズムの働きをご紹介します。

オーガズムとは

性的快感の絶頂と言われているオーガズム。肉体的な快感とともに、至福・陶酔といった心理的な満足感も訪れることが多い。男性の場合は「射精」という目に見える形で現れますが、女性の場合は、そういった分かりやすい反応がないため、理解に苦しむ男性は多いようです。そこで左頁で、性科学者のマスターズとジョンソンが解いた「４つの性反応」を元に、オーガズムを解説します。男女がオーガズムを得るまでのプロセスを観察すると、精子と卵子を出会わせようとする、子孫繁栄のメカニズムであることがはっきりと分かるはず。また１７９ページでは、女性の生の声を紹介していますので参考に。

1　興奮期

キスや愛撫などの性的な刺激で体が変化し始める時期。スポーツの準備運動のように、全身の血流がよくなり心拍数や血圧が上がります。女性の場合はクリトリスや膣など性器に血液が集まり、ペニスが勃起するようにクリトリスも大きく。膣分泌液が出て膣内が潤います。大陰唇、小陰唇もふっくら開き、乳首も立つ。男性の場合は、勃起し、陰嚢が体に近づきます。

2　平坦期

さらに気持ちよくなると、射精された精液を逃さないように膣口が充血してしまり、子宮が上がり、射精された精液をためておけるように膣の奥の部分が膨らんでスペースができます。男性のペニスからは、ガマン汁と呼ばれる、カウパー腺液が出て、精子の活動を助けます。

3　オーガズム期

張りつめていた緊張が一気にほどけるようにオーガズムを向かえると、膣と子宮の周りの筋肉が規則的に収縮します。男性の場合は、射精が起きます。男女ともに、性器周辺の筋肉の律動が0.8秒間隔に起き、精液を女性の子宮に導きます。

4　消退期

興奮がおさまり、元に戻っていく時期。女性によっては、刺激が続くと連続してオーガズムを得られることも。セックスが終わると、ゆっくり子宮が元に戻り、膣の奥のふくらみや充血もおさまります。男性は、ペニスがしぼみ、刺激を受けても反応が起きない時期に入ります。

準備のポイントは健康な体、清潔感、環境

何かを行うときは、事前に準備が必要ですよね。仕事なら、名刺や資料などの道具類を用意し、さらに仕事に対するモチベーションも必須です。私の場合は、本書の執筆にあたり、恋に悩む男性に取材して準備を整えました。準備をしておけば、スムーズにことが運び、目的を達成しやすくなります。

では、セックスの準備とは？　まずセックスはスポーツのように体を使う行為ですから、へこたれない持久力、体位を変える筋力や柔軟性などが必要です。

また、自分以外の他人と体を密着させる行為でもあります。離れていたら気にならなくても、近づくと、ちょっとしたニオイや肌の質感などが気になる方もいるで

しょう。相手を不快にさせない清潔感は心がけたいものです。

また、セックスは気持ちよくなる行為でもあります。そのためには、心や体が緊張していると難しくなります。心身ともにリラックスして初めて、キスやタッチなどの刺激を〝気持ちいい〟と認識できますので、まずはお互いがリラックスできる環境を整えることもとても大事です。

こんなふうに「セックスには、準備が大切です！」と発信すると、「わざわざそんなことをしなくちゃいけないのか!?」とゲンナリする人もいるでしょう。

でも考えてみてください。体づくりは、セックスだけでなく生活全般において大事なことです。清潔感も、人づき合いにおいて欠かせないことですし、リラックスのための環境づくりも、ストレスケアとして覚えていて損はありません。

つまり、セックスの準備は、充実した人生にまで発展することなのです。ここでは、お金も手間もかからない簡単なことばかり紹介しますので、是非取り入れて。

準備によって、まずは自分が気持ちよくなる

健康な体、清潔感、環境……セックスの準備はこの3つが中心です。ここでは、難しいことは一切紹介しません。渋々やっても面白くありませんし、面倒過ぎてやる気にならなければ意味がありませんから。準備をするとき“彼女のために”と考えるのはもちろんいいのですが、“自分のため”になることを忘れないでくださいね。セックスの準備が整っていれば、笑顔の彼女と接する時間が増えて、自分まで嬉しくなれるからです。是非、自分がニヤニヤしている姿を想像しながら始めましょう。

306　健康的な食生活をする

健康な体に、バランスのよい食事は欠かせません。主食、主菜、副菜を基本に、なるべく多くの種類の食品を組み合わせるように。また、肉類は体臭の元、便秘は口臭の元になりやすいので、肉に偏らず、繊維の多い生野菜をたっぷりと♪

307　にんにく・しょうがで恋をする

にんにくはいわずもがな滋養強壮食品。しょうがにも精力増強、血行促進効果があり、パワーみなぎる男性には欠かせない食材です。抗酸化作用が約10倍といわれる、じっくり熟成された黒にんにくなら、ニオイが気になる人でも大丈夫。

308　ネバネバを味方にする

納豆、山芋、オクラなどのネバネバ食材には、ムチンという栄養素が多いので積極的に摂取しましょう。ムチンには、細胞を活性化し、若さを維持してくれる働きがあります。疲労回復、免疫力アップなど、さまざまな形で健康をサポート！

309　運動して汗をかく

運動不足は体臭を招くことがあります。なぜなら、血流とともに汗腺の機能も弱り、ニオイを発しやすいベタベタした汗をかきやすくなるからです。定期的に有酸素運動で汗をかいていれば、ニオイのほとんどしないサラサラ汗に変化します。

310　階段を使うようにする

女性も同様に、足腰が弱ると性機能も弱まります。骨盤の底部にあり性器の元気にかかわる“骨盤底筋群”という筋肉が連動して弱まるからです。勃起力低下、射精力減退などを防ぎたいなら、エスカレーターをやめて、階段を使用して。

311　コンドームを準備する

妊娠を望む関係でないならば、コンドームの準備は真っ先に。現在、日本のコンドームの素材は3種。伸びがよいラテックス。薄さを特徴に持つポリウレタン。素肌感覚に最も近いと言われている、新素材イソプレンラバーです。

コンドームのつけ方

1　きちんと裏表を確認し、先端をつまみ空気を抜く。

2　先をつまんだまま亀頭にのせ、根元まで巻き下ろす。

3　包皮に余裕があれば根元まで下げておき、コンドームをかぶせたら、いったん亀頭側へ寄せて、再びコンドームと一緒に下ろし一体化させる。

［注意］精液溜まりやペニスの先の方、亀頭のつけ根などに空気が残っていると、セックスの最中に破れることがあるので注意しましょう。

1

2

3

コンドームの外し方

1　射精後、コンドームが抜けないように注意しながら、膣からペニスを抜く。

2　精液が漏れないように注意しながらペニスからコンドームを外す。

3　コンドームの口をしばり、ティッシュなどに包んで捨てる。

1

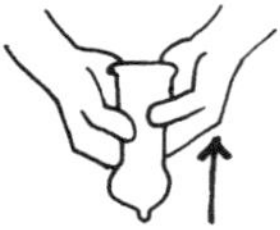

2

3

312　爪を切る

ルックスの頁でも触れましたが、指先のケアは絶対ですから、事前チェックをお忘れなく。AV男優の加藤鷹さんほど深爪にする必要はありませんが、爪切りで切った後は、ひっかかりがないように爪やすりで削るとバッチリです。

313　潤滑剤を知っておく

潤滑剤とは、愛液が出にくい女性のためのゼリー状の液体のこと。薬局のコンドーム売り場の近くにあり『リューブゼリー』が有名です。アダルトグッズショップで買えるローションとは成分が異なるので注意が必要です。

314　バスタオルを用意する

彼女が処女の場合、出血することも予想されますし、愛液や潮吹きでベッドが濡れちゃうことも。また、女性が気持ちよくなると尿意をもよおすことはよくあることなので、大き目のバスタオルを1枚ベッドに敷いておくと安心です。

315　ラブホテルをチェック

ラブホというといかがわしいイメージを持っている人もいるかもしれませんが、デザイナーズ空間だったり、リゾート風だったりと、女性が好きそうな素敵なホテルはたくさんあります。お互いに実家暮らしなら、利用してみても。

316　指先を清潔に

洗っていない指を、口の中には入れたくないですよね？　女性の膣も同様。炎症などの原因になりかねないので、不潔な指は入れてほしくありません。セックスの前は手を洗うように心がけて。シャワータイムに洗えばOKです。

317　室温はちょいあつに設定

大部分の女性は、男性より筋肉量が少ないため体温が低い傾向にあります。ですから室温は女性の体温に合わせて、男性にとっては、少し暑いと思えるくらいに設定しましょう。体が温まると血流がよくなり、感じやすくなります。

318　湿度対策をする

空気が乾燥すると肌がカサカサになるどころか、あそこも乾きやすくなってしまいます。乾燥しやすい冬は、できれば加湿器を使いたいもの。逆に、ベタつきやすい夏は、エアコンの除湿モードで、快適な湿度に調整しましょう。

319　明るさは間接照明で

部屋の明かりは、温かい色味の白熱灯がいいでしょう。蛍光灯の明かりは消し、壁や天井に光を当てて反射で周囲をぼんやりと照らす間接照明を使用すると、雰囲気がよくなります。キャンドルも◎。ただし火の元には十分注意を。

320　携帯はオフ

忘れがちですが大事なのが携帯のこと。セックスの最中に音が鳴り響くことほど興ざめなことはありません。セックスのときくらいは携帯の電源はOFFにしましょうよ。と、言いたいところですが無理ならば、せめてマナーモードにして。

321　BGMは歌詞がないものを

音楽はふたりがリラックスできるものでいいと思いますが、おすすめはボーカルなしのインストルメンタルか、洋楽。日本語の歌詞だと気が散るという声があるからです。また、「TVは消してほしい」という声も参考にして。

322　窓は閉める

部屋の窓を開けたままセックスをしてしまい、隣の住人に壁をドンと叩かれた、という失敗談もありますから、窓は事前に閉めるようにしましょう。窓が開いていることを利用して、わざと声をガマンして萌えるプレイもありますけどね。

323　ティッシュと飲みものを用意する

セックスのときに絶対必要なのがボックスティッシュ。射精した後のペニスや女性の性器を拭くためです。また、スポーツの一種でもあるとお伝えしたように、セックス中は喉が渇くので、ベッドサイドに飲みものを用意しておくと◎。

324　シャワーは先に入る

セックスの前は、シャワーを浴びましょう。一緒にお風呂に入るのも楽しいですが、初めのうちは別々に入るのがいいかもしれません。先に男性がシャワーを浴びて、後から女性に譲ると、彼女はひとりで色々と準備がしやすいものです。

325　ペニスは隅々まで洗う

仮性包茎の人はとくに、皮をしっかりむいて隅々まで優しく念入りに洗いましょう。皮の間には雑菌が溜まっていて、それがニオイの元になりますし、膣内に入って悪さすることもあるからです。また、性感染症のリスクも軽減できます。

326　肛門まで洗う

腸には大腸菌などの雑菌がいっぱいです。それらが間違って膣内に入るとよくありませんから、セックス前は肛門周りまで洗うようにしておきたいもの。キレイにしておけば、彼女が愛撫してくれることもあるかもしれませんしね。

テクニックがなくても恋するキスは、気持ちいい！

「キスで気持ちよくなるって本当？」

キス未経験の男子からの質問です。最近好きな男性とキスをした女性に聞いてみると「本当！　とろけました！　ずっと片思いをしていた相手だったからだと思う」ですって。キスで気持ちよくなるには、「好き」という感情がセットであることがキモなんですよね。その理由は、脳内にあります。ときめきホルモンといわれるＰＥＡ、快楽物質ドーパミン、脳内麻薬ともいわれるエンドルフィンなどなど。人は恋をすると、脳内にたくさんの脳内神経伝達物質が分泌されます。これらの働きで、好きな人とくっつきたくなり、キスやセックスがしたくなる。同時に、キスやセックスを気持ちよくさせ、子孫を残す機会を増やそうとしているのです。つまり、キスの気持ちよさは、種族保存のための〝ご褒美〟と考えられます。

恋愛の始まりは、このような天然媚薬ともいえる物質のおかげで気持ちいいキスが楽しめますが、つき合いが長くなるにつれて物質は減っていき、同じ相手とのキスは変化します。結婚3年目、私がキスをねだると「またぁ?」と、不服そうな夫曰く、「別に気持ちよくない」。だったら、なぜキスなんてするのでしょう?

私が1日5回はする日常のキスは、コミュニケーションの一環です。「愛しているよ」なんてテレ臭くて言えない代わりの愛情表現。一瞬心がハッピーになり、血流がよくなる気がするから、健康にも役立っていると思います。実際に、〝出勤前のキスで寿命が5年伸びる〟なんていう海外の研究発表もあるんですよ。

セックス同様に、キスにもいろいろな目的があるのです。セックスに至るまでの通過儀礼としてしか考えていなかったらもったいないことですね。

気持ちよくなる以前のキスの大事な基本

唇と唇を接触させる、キス。文字にすると簡単なのに、好きな人を目の前にして、いざ実際にやろうとするとなかなか勇気のいることですよね。「拒まれやしないかな」「嫌がられやしないかな」なんていうふうに考えてしまい、躊躇してしまうかもしれません。キスは「好き」という気持ちが味方をしてくれるものですから大丈夫！　と言いたいところですが、痛みやニオイなどが伴うようだと、「好き」だけではフォローしきれないことも。ここでは、見落とされがちな、本当は大事なキスの基本をお伝えします。

327　大事なのは味わうこと

急いで食事をしてしまうと、料理の味を感じることは難しくなります。でも、口の中で食事を味わうように食べると、食材の風味、触感、味がリアルに感じられます。キスだって、味わおうという気持ちで行うと、感じ方がまったく変わります。

328　気持ちを意識する

筋トレをするときに、使っている筋肉を意識することが大事だとは聞いたことがあるでしょう。何も考えずにトレーニングを続けても身にはならない、意識はそれだけ大切なことなんです。キスのときも、伝えたい気持ちを意識して。

329　ふたりきりの場所で

キスをするタイミングが分からないから“キスOKサイン”が知りたいという男性がいるのですが、OKを出しやすいような環境を意識していますか？　「見られているかも」と人目を気にしないでもいい、ふたりきりになれる場所が◎。

330　キスを急がない

「キスをしたい」と一度考えだすと、彼女に会う目的が“キスをする”になってしまうことがあります。そうなると、彼女の話を上の空で聞いてしまい、最悪の場合、怒らせてしまうことも。キスをしたいときほど、彼女の話に集中すること！

331　十分に距離が近づいてから

彼女の話をちゃんと聞いて、心の距離が縮まると、自然に手をつなぐ、抱きしめ合う、など体の距離も近くなるはず。キスのタイミングはもうすぐです。彼女から、肩に頭をのせてきたり、身をゆだねたりしてOKの合図を送ってくるかも。

332 規則正しく口臭予防

キスするときに気になる口臭。主な原因は、唾液が減ること。唾液は口内を清潔に保つ働きがあり、少なくなると細菌が繁殖し異臭の原因に。唾液の分泌には、自律神経が関係しています。不規則な生活や不摂生をなくすようにしましょう。

333 口腔ケアはきちんとする

たまに「彼氏が歯磨きをしないからキスをしたくない」という相談を受けます。自分では気にならなくても、彼女のためにできるだけ食事の後は歯磨きを。歯周病や、進行した虫歯も口臭の原因になります。該当すれば治療しましょう。

334 直前の歯磨きはほどほどに

キスのために歯磨きすることをおすすめしましたが、やり過ぎもまた、要注意。あなたが15分も歯磨きをしたり、彼女にも念入りな歯磨きを強要したりするタイプならば、彼女にプレッシャーを与えてしまいます。何事もほどほどに。

335 臭いものは一緒に食べる

焼肉、餃子……口臭の元になる食べものは、デートでは敬遠されがちです。が、しかし、美味しい上に精力もつくのにもったいない。「臭いものは食べてはいけない」と禁止するより「一緒に臭い仲になっちゃおう」と許すほうが、結果いい仲に。

336 ヒゲに注意

男性がヒゲを伸ばす、伸ばさないに関しては、好き好きですが、無精ヒゲが生えていると、ふとした拍子に、彼女の柔らかい肌をヒゲがこすってしまうこともあります。痛い、メイクが落ちる……など、彼女の機嫌をそこねないようにね。

337 彼女を見つめてから

キスを気持ちよくするのは、脳内神経伝達物質の役割でしたね。それらの分泌を促すには、キスをする前にしっかりと相手を見つめること。お互いにこれから起きることを脳内でイメージし、気持ちよくなる準備を整えやすくなります。

338 全身の力を抜いて

初めてキスをするときは、緊張で全身に力が入りがち。ガチガチのままキスしようとすると、鼻や歯がぶつかったりしてさらにパニックに。体がこわばっているなと思ったら、一旦、「ふ〜」と息を吐いて体をリラックスさせましょう。

339 唇はソフトに

赤ちゃんの頬は柔らかくて、触るととても気持ちがいいですよね。柔らかさと気持ちよさは、切っても切れない関係です。キスをするときは、できるだけ唇をソフトにキープするようにしましょう。トロけるキスのポイントです。

340 そっと体に手をそえる

「キスをしているとき手はどうするの？」という質問がありましたので、答えます。手は、向かい合った彼女の体にそっとそえましょう。ウエスト周りの脂肪を気にしている彼女のためにも、最初のうちは腕当たりにふれるのが無難でしょう。

341 唇でやさしくふれる

キスのハウツー本などには、“スタンプキス”、“プレッシャーキス”などたくさんの方法が並び、混乱してしまうもの。そうしたワザは、必ずしも気持ちいいわけではありません。唇で優しくプレスが基本。これだけで充分です！

342　唇を舐めない

キスをしたとき、男性の唇が濡れていることが結構ありました。緊張して唇を舐めてしまうのでしょう。ひんやりした感触にビックリした経験があります。それに、唇を舐めると唇が荒れやすくなってしまうので、できるだけ舐めないほうが◎。

343　ゆっくり３つ数える

女の子と唇がふれたとき、その柔らかさに驚いて「次はどうしたらいいんだっけ!?」と頭が真っ白になることもあるかもしれません。そういうときは、心の中でゆっくり３つ数えましょう。数えてから唇を離せば、ちょうどいい塩梅です。

344　両手で頬を包み込む

彼女の体にそえていた手ですが、彼女の頬に持っていってみましょう。このとき顔をムギュウとつぶさないように、軽くそえるのがポイントです。両手で顔を包むなんて、親しさの象徴。彼女は安心感を得られるでしょう。キスは格別♥

345　少し唇を開いてキス

唇同士のふれ合いに慣れてきたら、少し唇を開いてキスをしてみましょう。唇で彼女の唇を挟むように刺激することができるので、キスにバリエーションがつけられます。上唇か下唇のどちらかをそっと“ハムハム”としてみて。

346　舌先でノック

唇を少し開いたキスは、舌も絡めやすくなります。舌先で彼女の唇をつつくようにしてみたら、同じように舌を出してくれるかもしれません。舌と舌がふれ合う感触は、ぬるぬるしていて、唇とは違った気持ちよさがあります。

347 ディープキスは控えめに

彼女が舌を出してくれたからといって、はりきって舌を吸い込んだり噛んだりしないようにしましょう。歯茎に舌を這わせたり、口の中をかきまわしたりするのも、自分がその気持ちよさが分からないうちはおすすめしません。

348 舌は基本柔らかく

舌を絡めるときは、舌の力を抜いて優しく絡めましょう。舌は、ソフトクリームを舐めるときのようにリラックスした状態がベストです。硬くした舌がNGなわけではありません。柔らかさと硬さのギャップをうまくミックスして。

349 舌を包み込む

自分の舌の上に、彼女の舌を乗せて包み込むようにしてみましょう。極上の大トロを舌に乗せたときのように大切に扱うと、彼女の方も初めての感覚にトロトロになってしまうかも。舌の扱い方で、全身まで大切にされている感じになるもの。

350 愛を伝えながらキス

「愛しているよ」と耳元で囁いてからのキス。じっと見つめて「キスしてもいい？」と尋ねてからのキス。「大好きだよ」と微笑みかけてからのキス。愛を伝えてからキスすると、脳も準備万端。キスの効力が何十倍にも膨れ上がります。

351 おでこへのキス

唇へのキスだけがキスではありません。唇以外のキスも覚えておくと、愛情表現が豊かになり、彼女も幸せな気分に。おでこにキスをされた彼女は、思わず目を閉じてしまうでしょう。祈りをささげるときのようなピュアな気持ちに。

352　頬へのキス

愛情や親愛の気持ちを表現するのに“頬ずり”をします。海外では頬へのキスや、頬同士をくっつけることは日常の挨拶。頬は、自分以外の人からの愛を吸収しやすい場所なのでしょう。彼女の頬も、日々あなたの愛で潤わせてあげて。

353　頭皮へのキス

頭に手をそえ、頭皮へそっとキス。頭の天頂にキスをされた彼女は、おのずと見下ろされる感じになり、大きな愛で見守られているような気分に浸れます。もしくは脳という大事な部分への、献身的な刺激で大満足することも。

354　耳へのキス

耳は重要なツボが集まっているといわれる敏感な場所。また音を聞く場所でもあります。耳へ「チュッ」という音をたててキスすると、音の刺激と、物理的な刺激とのダブル刺激で、いつもより彼女を大胆にすることができそう。

355　手の甲へのキス

物語のプリンセス登場の場面では、王子様がお姫様の手をとって手の甲にキスをするシーンが頻繁に描かれます。そんなシーンに憧れている女性は案外多いもの。朝、彼女を起こすときに試してみては？　想像以上の反応が返ってくるかも。

356　首筋へのキス

彼女の心拍数が上がり思考もストップするのが、首筋へのキス。唇にキスをしつつ、頬や耳、首筋までキスを広げてみましょう。愛情をたっぷりこめたキスに、彼女も心を開いて、あなたの気持ちを受け入れることでしょう。

357　顔でキス

唇を使うのだけがキスではありません。ときには、顔全体でキスをするのも新鮮です。自分のおでこを彼女のおでこにくっつけたり、鼻と鼻をくっつけたり、頬を彼女の唇にくっつけたり。じゃれあうようなキスで、親密度アップまちがいなし。

358　耳をふさぐ

キスの最中に、彼女の耳をそっとふさいでみましょう。耳からの情報が途絶えるだけで、いつものキスと様子がガラリと変わります。不安でドキドキしちゃうこともあれば、よりキスの感触に集中できることも。彼女はどっちかしら?

359　口移しキス

フルーツやキャンディーなどを、口移しで食べさせ合うのも、恋人同士のお楽しみのひとつです。親しい仲だからこそできる行為なので、とても濃密な時間が過ごせることでしょう。飲みものを口移しする高度なテクニックもあります。

360　相手にゆだねる

ときには、「キスして」と目を閉じて待ってみるのもいいでしょう。彼女はどんなキスをしてくれるでしょう?　ワクワクドキドキの瞬間ですね。彼女のキスは、じつは彼女がしてほしいキス。彼女のキスをよく覚えておきましょう。

361　力強いキス

優しいキスばかり紹介してきましたが、ふたりの興奮が高まったら、ときには激し過ぎるキスもアリ。彼女の頭に手をそえ、力強く唇を押し当てチュパチュパ……。彼女が驚いたら、「ごめん、好き過ぎてつい」と笑顔で包みこんで。

女性とデリケートゾーン

近年、一大ブームと言っても過言ではないほど、女性の間でデリケートゾーンのお手入れが注目されています。いったいどんなことをするのか覗いてみましょう。

VIOをケアしています

デリケートゾーンとは、外性器のこと。詳しく説明すると、正面から見てアンダーヘアが生えている恥骨部分をVゾーン、骨盤底の大陰唇に当たる部分をIゾーン、肛門の周りをOゾーンと言います。近年、VIOの脱毛の価格が下がり、エステで処理をする女性は増えています。永久脱毛を施すエステ脱毛とは別に、自分で定期的に処理する方法や、ブラジリアンワックスサロンで処理する方法もあります。

自分で行う処理は、カミソリで剃る、ハサミですく、毛抜きで抜く、ヒートカッターなどで焼き切る（毛先が丸くなるので、新しく生えるときチクチクしない）などの方法がありますが、手が届きにくい部分なのでお手入れは面倒なものです。

　ブラジリアンワックスは、小さいビキニを着るブラジル女性の脱毛法で、温めたワックスで、毛を一気に抜く方法。サロンもありますが、自宅用キットもあります。私も何度か試みましたが、痛みが強すぎて発熱し、寝込んでしまいました。体調が悪かったときにやった私が悪いのですが。

お手入れは脱毛だけじゃない

　女性たちが、エステやサロンで、デリケートゾーンを施術者に見せているという事実に、驚いてしまったかもしれませんね。しかし、自然のままだと、かわいいショーツからはみ出すことがあったり、ショーツの布を突き抜けて飛び出したりすることもあるのですよ……陰毛って。困ったものです。

　また、デリケートゾーンの、ニオイ、黒ずみ対策として、専用ソープも人気です。性器の黒ずみは「遊んでいる証拠」という偏見がありますし、性器は尿、おりもの、月経血など、ニオイの元が集まる場所ですから、女性たちはお手入れに必死になってしまうのです。

　最新情報としては、デリケートゾーン用の美容液やシートパックなんかも登場しています。

男性も彼女のことを考えて

　女性たちが、ここまで頑張っているのですから、男性諸君も、ペニスはキレイにしてほしいものです。シャワーのときは、しっかり皮をむいて洗うようにしましょう。きちんと洗ってないペニスはフェラチオのときに、ニオイがするなどの不快な思いをさせてしまいます。また、不潔にしていると、性感染症のリスクは高まりますし、女性器になんらかのトラブルが起きることもあるので注意してください。

　そして、女性のあそこが黒いのも、剛毛なのも、よくあることだということ、理解してくださいね。

Chapter 9

愛撫のいろは

ウォーミングアップであり それ自体を楽しむ目的も

「前戯は日常生活から」とお伝えしましたが、「セックス直前の愛撫はなくてもいい」というわけではありません。何度もセックスをしている関係なら、愛撫がなくても条件反射のごとく挿入の準備が整うこともありますし、火がついたように燃え上がった場合、即、挿入してほしくなることもあります。私の場合、結婚した当初、「朝起きてすぐに挿入されるのが、世界一気持ちいい♥」と、パンツをはかずに寝ることもありました。そのときは、コンドームを使用しなくてもいい関係が築け、日常的に信頼し合える状況が、前戯を不要にさせたのです。

ですが、一般的には「前戯は十分するもの」だと思われています。いくら日常で大切に扱っていても、セックスの前のキスや愛撫を勝手にはしょってしまうと「この男、大丈夫かしら？」「セックスを知らないのかしら？」と不安にさせてしまうことも。慣れてきたら、彼女のほうから「愛撫はいいから、早く入れて」なんて言われることもあるかもしれませんが、基本的にセックスは愛撫を伴うものです。

愛撫の目的は、挿入のために心と体の準備を整えることです。日常の中で、言葉で愛を伝えたり、相手を気遣ったりする行為をしていたら、心の準備はほとんどできています。セックスのときは、体への愛撫で、男性は強い勃起を、女性は膣が潤うように促します。具体的には、性感帯と呼ばれるパーツを、性的興奮を高める触り方でタッチ&キス。そうすることで、骨盤内に血液が集まりやすくなり、男性はペニスが硬くなり、女性は膣が潤うのです。

愛撫を行うのは、挿入のウオーミングアップだけが目的なのではなく、それ自体が〝気持ちいいから〟〝安心するから〟〝元気になれるから〟という理由もあります。

あなたの喜びが相手の快感へ変わる

愛撫は、女性の全身に行います。毎回全身を愛撫するわけではなく、髪の先から足の指先まで、全身が性感帯になりうるという意味です。ハウツー本には、さまざまな触り方や、順番が書かれていますが、好みは人それぞれ。「これをすれば大丈夫」と思い込むのは危険なものです。本書では基本をじっくり紹介します。何よりも彼女を気持ちよくさせるのは、男性の喜び。触り方がヘタでも「私にふれて、喜んでくれている♥」と思えたら、それだけで彼女の脳内の物質は大騒ぎ。全身が性感帯に変わってしまうというものです。

362 愛撫は、する側がうっとりする行為

愛撫を辞書で調べると“なでさすっていつくしむこと”とあります。愛撫は、テクニックを駆使して相手を喜ばせる行為だとばかり思っていたかもしれませんが、赤ちゃんを愛撫するときと同じように、自分の心も幸せに包まれる行為です。

363 母の手を思い出す

まず愛撫される側の感覚になってみましょう。幼いころ、母の手でさすってもらったときの気持ちを思い出してみて。安心感で満たされていたはずです。愛撫で使うのは、そんな気持ちにさせてくれる、優しくて温かい手なのです。

364 相手の反応を見る

キスをして、おっぱいを触って、性器を触って、フェラチオをしてもらって……こんなふうに脳内で愛撫の段取りを考えるよりも、相手の反応をちゃんと見ることが大切です。目の前の彼女の眉間、シワが寄っているかもしれませんよ。

365 猫を触るように

猫は、人になでられると、とても気持ちよさそうにします。触っている方も、つられて心地よい気持ちになっているもの。リラックスの状態は伝染しますから、彼女を触るときも猫を触るようにリラックスした気分でタッチしてみましょう。

366 指先でソフトタッチ

女性を愛撫するときに使うのは、ほとんど指の腹のみ。指がふれたときの印象は大事で、爪のササクレや、指先のカサツキがあると、気持ちよさは半減します。指先に引っかかりがある場合は、ハンドクリームなどでケアをして。

367　産毛をなでる

愛撫は、フェザータッチがいいとされています。これはふれるかふれないかくらいの柔らかいタッチ。具体的には、産毛をなでるように触ります。普段は意識したこともない、肌表面の繊細な神経がみるみる目覚めていきます。

368　円を描くように動かす

女性を触るときは、ゆっくり、ふれるかふれないようなタッチで。動かし方は、直線的になでるよりも、ボディの曲線にそって動かすこと。自然と、円を描くような触り方になるはずです。肩、背中、胸などをまある〜く刺激してあげて。

369　手の平を置く

手の平を置くだけ、という愛撫方法もあります。胸や、お腹、恥骨などにそっと手の平を置きます。手の平の温かさが感度を高めますし、「どんなふうに愛撫してくれるのかな？」と彼女の期待感が勝手に高まり、快感につながります。

370　呼吸を合わせる

相手に信頼感を持ってもらう心理テクニックに、“呼吸のリズムを合わせる”という方法があります。彼女が息を吸うときに自分も吸う、吐くときに一緒に吐く。同じリズムになると心も同調しやすくなり、体をゆだねてもらいやすくなります。

371　冷たいところを温める

彼女の体にふれていると、冷たい部分があるかもしれません。とくに、指先、足先が冷えている女性は多いです。そういった部分があれば、あなたの脚の間に挟む、手で包むなどで温めて。体の温かさは、心のオープン度に通じています。

372　隙間なく抱きしめる

ベッドの上で抱きしめる行為は、愛情を伝えるほかに、もうひとつ意味があります。それは、あなたの興奮度をさりげなく伝えられること。硬くなったペニスが彼女にふれたとき、彼女の興奮度数も一気に高まることでしょう。

373　ふれる喜びに浸る

愛撫を“奉仕”だと考える人もいるようです。そうした「してあげる」という気持ちで触られることは、あまり嬉しいものではありません。逆に「彼女にふれることができて嬉しい」という態度で触られると、それだけで感じてしまうものです。

374　背中への愛撫はとても重要

デスクワークなどで背中がバキバキに凝っている女性は少なくありません。背骨の近くには自律神経が通っているので、背中が凝ると、神経伝達が滞り感度にも影響を与えることが。背骨に沿って、筋肉を温めるようにじっくりさすって。

375　キスをしながら

唇と手を同時に使って、愛撫をしてみましょう。キスをしながら、手で胸を触る。唇で乳首を甘噛みしながら、手で乳房を優しく触る。同時に別の場所を刺激されると、「恥ずかしい」などの思考がストップしやすく、タガがはずれやすく。

376　顔をうずめる

愛撫には、触るだけでなく、自分の顔をうずめるという方法も。例えば彼女の胸の谷間に顔をうずめてみる。両頬に当たる乳房の感触が気持ちよくて嬉しくなってしまうでしょう。そんな無邪気な姿を見た彼女もまた、嬉しくなるはずです。

377 基本は上から下へ

多くの場合、愛撫は上から下へと流れていきます。唇や耳など顔周りにキスをして、首筋、胸、お腹へと下がっていきます。女性はその順番に慣れているので、足の指先から温めるなどの変化球を投げてみるのも、素敵ですね。

378 おっぱいの先は最後

おっぱいの先端にある乳首は、すぐにふれたい部分ではあるけれど、じらすほど敏感になる場所です。乳首の周りの、乳房をやさしく触りつつ見守りましょう。血液が集まりぷっくりしたころにつつくと……あとは自分の目で確かめて。

379 おっぱいは大切に扱う

AVやエロ漫画などを見ていると、おっぱいをワシ掴みにしたり、乱暴に揉みしだいたりするシーンがあります。それって、ペニスを乱暴に振り回されるようなもの。よほどの、M気質の女性でなければ、ムカついてしまうでしょう。

380 太ももは念入りに

太ももは、"太"とつくだけあって、脂肪の多い弾力のあるパーツです。肌触りがいい場所なので、ふれたり、顔をうずめたりを楽しんで。あなたが感触を味わい心地よさそうにしていると、その奥の性器にまで伝わって、潤いやすくなります。

381 初めはショーツの上から

性器を触って気持ちよくさせてあげることは、愛撫の重要な役割。しかし、いきなり性器に触っても不快なだけ。人とのコミュニケーションは挨拶から始まるように、まずはショーツの上から触って、性器に「触りますよ」の挨拶を。

382 恥骨に手を置く

恥骨は、外性器を前から見たとき陰毛が生えている部分の骨です。そっと手の平を置くと、期待感と温かさで血流が集まり感じる準備が始まります。続いて、小刻みに震わせるようにすると、性器の隅々まで感じる神経が目覚め出します。

383 ショーツの上から揉む

恥骨に置いた手を、揉むように動かしてみましょう。自分のペニスをズボンの上から揉むときのような雰囲気で、例えるなら弾力のあるボールを揉むような感じがいいでしょう。ゾワゾワ感ともワクワク感ともいえる興奮をプレゼント。

384 指で割れ目をなぞる

ショーツの上から、恥骨の上に手を置いたり、揉んだりしていると、彼女が「触って」という感じで、脚の筋肉を緩めてくるでしょう。ショーツの上から割れ目をやさしくなぞってあげるとのけぞってしまうかも。爪の先を使うのも◎。

385 ショーツのわきから指を忍ばせる

何度か割れ目を往復していると、ショーツの湿りを感じるかもしれません。ショーツのワキからそっと指を入れてみましょう。ふっくらした大陰唇を通過して、湿りの元である膣口にたどり着いて。たっぷり濡れていたら次へ。

386 ショーツを脱がせる

ショーツを脱がせてあげましょう。女性のショーツはレースやリボンがついていたりして繊細なつくりになっています。無理にはぎとるようにはせず、優しく丁寧に。「自分で脱ぐ?」と聞いてあげてもいいかもしれません。

387　陰毛をなでる

「人より剛毛かも」「お手入れしたほうがいいのかな？」など、陰毛について悩んでいる女性は少なくありません。陰毛をなでるように愛撫してあげると、「私、これでいいんだ」と安心するはず。解放感につながり、大胆になることも。

388　愛液をそっとすくう

とろとろの愛液が出てきたら、そっと指につけます。性器への愛撫は、基本は愛液がついた湿った指で行います。ぬるぬる感が極上の快感に。ここで愛液がまったく出ていないようなら、緊張していないか、不安がないか尋ねてあげて。

389　クリトリスは亀頭だと思う

最も感じるクリトリスは、敏感な部分ゆえに最初は触ると痛いこともあるので、本当に優しく。イクラを箸でつまむくらいの力加減で、愛液を塗った指で、円を描くように触ったり、こすったりします。自分の亀頭にふれるようにすると◎。

390　指は１本ずつ

体の緊張がほどけて気持ちよさそうな表情になったころ、指を入れてみましょう。人差し指か中指を１本ゆっくりと。膣の壁がどうなっているのかを探るように入れていきます。最初から奥まで入れると痛がることもあるので注意しながら。

391　ピストンより振動を

指を入れたら手首を軽く震わせるようにして、性器に小刻みな振動が伝わるようにしてみましょう。指の腹がＧスポットと呼ばれる部分に当たると◎。指のピストンは、慣れてないと痛みにつながることもあるのでスローストロークで。

392 一緒にお風呂に入る

一緒にお風呂に入れる関係になったら、体の洗いっこ、とくに性器の洗いっこをすると、口に性器を含むオーラルセックスも夢ではなくなるでしょう。性器を舐められるのも、舐めるのも苦手な女性もいますから、無理強いはしないように。

393 フェラチオとクンニリングスはセットで

「フェラチオをさせるくせに、クンニは苦手だといって舐めてくれない」と不満を漏らす女性もいます。フェラチオをしてもらうなら、クンニリングスはセットだと考えて。自分が舐められないものを、舐めさせないでくださいね。

394 クリトリスを舐める

クンニリングスは、クリトリスを舐めるのが一番の目的。濡れた柔らかい舌で、舐められるのはとっても気持ちいいもの。ベロンと舐めたり、尖らせた舌で突いたり、吸いついたり。優しい刺激から、徐々に強くしてみましょう。

395 唇も使えます

クンニリングスのときは、唇もうまく使ってみるといいでしょう。舐めるのは、クリトリス〜膣口にかけて。小陰唇などのビラビラを、湿らせた唇でハムハムするように刺激したり、粘膜部分を唇でこすったり、色々楽しんで。

396 舐めながら指を入れる

クリトリスと膣の同時刺激は、ほとんどの女性が喜ぶテクニック。クリトリスを舐める、または片方の指で触りつつ、膣にも指を入れてみましょう。入れた指はほとんど動かさなくてもクリトリスの刺激だけでも十分。指の本数を増やしても。

Chapter 10

ひとつになる

ペニスのサイズ、挿入テク……重要なのは、そこじゃない

「そんなバカな!?」と思うかもしれませんが、手を使わずにマスターベーションをする女性は、少なくありません。私も初めて聞いたときにはビックリしたのですが、エロティックな妄想をするだけで、オーガズムに達する女性もいれば、骨盤底筋群に力を入れたり緩めたりを繰り返すだけで、気持ちよくなれる女性もいます。クリトリスや膣口など性器の神経が刺激されるので、不思議な現象でもなんでもないということは後から分かったことです。極端な話ですが、女性は膣に何も入れなくても、気持ちよくなれるし、オーガズムにも達することができます。男性が必須だと思いがちな〝BIGペニス〟は、挿入時のマストではないのです。

また、挿入が苦手な女性が多いのは事実です。一番の理由は、気持ちよくない。私自身も、20代は挿入が好きではありませんでした。キスや、クリトリスを触られるのは好き。でも挿入になると急に冷めて、無言で腰をふる男性に対して「早く射精して」と思っていました。そんな私が「挿入って気持ちいい」と思うようになったのは「この人の子供なら産んでいいかな」(なぜか上から目線)と思えた30歳前後くらい。私の場合は彼への信頼感が、快感につながったきっかけでしたが、「初エッチから気持ちよかった」、「出産してから、よくなった」という女性もいます。

女性が挿入で感じるには、思想、経験、体質が絡み、よくなるタイミングが違います。ですが「挿入は快感」だと刷り込まれ続けてきたゆえに、気持ちよくないなどと言えず悩んでいる女性も。だからこそ伝えたいのは、挿入は、必要以上に頑張って気持ちよくさせようとしなくていい。ひとつになれた瞬間を素直に喜ぶのが最も大切です。それが彼女の感度を磨き、ふたりの満足感につながるからです。

つながるほどに、相性はよくなる

挿入は、必要以上に気持ちよくさせようとしなくてもいい。では必要なことって？　それは女性の体や心を安心させる気配り。また、ペニスと膣の一体感をよくする工夫もあるといいですね。膣をふっくらさせる愛撫、フィットする体位を楽しみつつ見つけましょう。大き過ぎる、小さ過ぎるなどペニスのコンプレックスがあると「僕のペニスじゃダメだ……」と思うこともあるかもしれません。女性の膣はパートナーのペニスの形に合ってくるようになると言われています。時間をかけて色々な体位を試してみて。

397　コンドームは初めから

女性の外性器に精液をかけただけで、粘膜を伝わって、精子が子宮まで泳いでいき妊娠したという話もあります。それほど生命力がある精子。コンドームは、ペニスが勃起したときから装着するのが、正しい使い方で、女性も安心です。

398　滑りを確かめる

ひとつになる前は、膣に指を入れてみて、スムーズに入るかどうか確かめましょう。愛液が足りなかったり、彼女が初めてだったりすると、顔をしかめて痛がるかもしれません。そんなときは、挿入は一旦お預けにして、時間をかけましょう。

399　先っぽを当てる

挿入するときは、力任せに入れようとしてはいけません。初めは口を閉じたように、膣口も締まっています。まずは亀頭の先で、彼女の性器に挨拶を。亀頭の先でクリトリスから膣口の間を縦にこすったり、膣口に当てたりしてみましょう。

400　先っぽだけ入れる

亀頭の先での刺激は、例えるならノック。しっかりと閉じている膣口という扉を、少し開けてくれるでしょう。最初から奥までズケズケと入っていくと、彼女もビックリしてしまいますから、先っぽだけ入れて様子を見て。

401　見つめる

初めての挿入や、久しぶりのセックスなら、緊張や、潤い不足で女性は痛みを感じることもあります。挿入するときは、しっかりと彼女の顔を見て、心を安心させてあげるのがいいでしょう。見つめることは、心の愛撫にもなります。

402　馴染ませる

彼女の様子を見ながら、ゆっくりと奥まで挿入してみましょう。入ったら、膣を落ち着かせるように、ペニスを馴染ませて。具体的には、動かず合体している部分に意識を集中させます。あなた自身も、包みこまれている感覚にいやされるはず。

403　つながったままキス

ボディがひとつになれたことを祝福するように、キスを。上の口でも、下の口でもつながれた瞬間は、体がひとつになったようなトロケあうような感覚を得られるかもしれません。エネルギーがふたりの間を巡っていることを意識して。

404　舌を絡める

つながったままキスをしたら、そのまま舌を絡めてみましょう。粘膜同志の濃密な接触は、下半身の粘膜にも作用して、感度をよりアップさせるでしょう。彼女の膣がキューっと締まるように感じるかもしれません。

405　ギュっと抱きしめる

ひとつになったまま、彼女の体を力強く抱きしめてあげましょう。血管が圧迫された彼女は、軽い窒息のようなぼーっとした状態になり、テレや恥ずかしさが吹っ飛んでしまうことも。本能のままに感じる彼女の姿が見られるかも。

406　ゆっくりと動いてみる

それではゆっくりと腰を動かしてみましょう。彼女の膣内をペニスでマッサージするような感覚で。そうすることで、膣の感度も目覚めていきます。自分の体が気持ちよくなることができたら、素直に声を出してもいいでしょう。

407 スピードを速めてみる

興奮が高まってくればくるほど、腰をもっと早く動かしたくなるでしょう。徐々にスピードを速めてみましょう。早歩きくらいのリズミカルなテンポなら、集中力を高めるともいわれる物質であるセロトニンの働きもよくなるかもしれません。

408 クリトリスを触る

挿入されながらクリトリスを触られるのが好きという女性は多いものです。これを続けていると、挿入の気持ちよさが分からなかった女性でも、徐々に目覚めていきます。挿入中は、利き手の親指がクリトリスに当てやすいでしょう。

409 乳首を愛撫

出産後の女性は、赤ちゃんに乳首を吸われることで広がった子宮が収縮し、元の大きさに戻るそう。このように、乳首と内性器がつながっているからなのか、挿入中に、強く乳首を刺激してほしい衝動にかられる女性もいるようです。

410 体を揺さぶる

腰を動かすとき、彼女の体をユッサユッサと揺するようにしてみましょう。ゆりかごに揺られるような感覚になり、フワフワしたような夢み心地に包まれることも。激しくし過ぎると逆効果なので、様子を見ながら。

411 実況中継をする

今起きていることを、言葉で伝えてもいいでしょう。「すごく濡れているね……今から入れるよ……中はとっても温かくて気持ちいいよ」。そんな実況中継を耳から聞いているうちに、彼女はあなたに同調し、ますます気持ちよくなることも。

412 上半身の角度を変える

上半身の角度を変えると、ペニスと膣の挿入感も変わります。彼女にぴったり上半身をつけた180度の状態から、体を起こしていき90度になる角度まで、色々試してふたりにとってのよき角度を見つけましょう。

413 枕を使う

膣口の場所は、個人差があります。正常位ができにくかったり、すぐ抜けたりするようなら、膣口が肛門寄りにある下ツキの場合が多いもの。女性のお尻の下に枕を置き、骨盤を傾けると、膣口が上を向いて、挿入がしやすくなります。

414 女性の片脚を上げる

寝ている女性に対して、90度の角度で挿入。彼女の片方の脚を持ち上げて自分の体と並行になるようにしてみましょう。彼女の脚が、まっすぐ立った支え棒のような役目になり、腰を動かしやすくなります。

415 女性の脚を広げる

挿入しながら、彼女の片脚を広げたり、両脚を広げたりしてみましょう。そうすることで膣の角度も変わったり、ペニスが当たる位置が変わったりして、より気持ちのよい挿入ができることも。いい位置が見つかれば、そこでキープを。

416 女性の両脚を肩にかける

仰向けに寝ている女性の両脚を持って、天井に向かって持ち上げ、自分の肩にかけるようにして挿入を。脚を閉じているため膣から圧迫感を感じられます。彼女は、脚を持ち上げられることで不安定になり、身をゆだねやすくなります。

417　中腰で挿入

彼女が仰向けに寝て、脚をかかえる体育座りのポーズに。外性器があらわになったところに、あなたが中腰になり、上から挿入。挿入前に、指で性器をなぞるのもいいでしょう。あられもない姿が、彼女の淫乱のスイッチを入れるかも。

418　脚を伸ばして

膣口が肛門よりの下ツキの女性なら難しいかもしれませんが、女性が脚を伸ばした状態での挿入も試してみましょう。脚を広げない分、しめられる感覚を味わえるでしょう。また、脚を伸ばした方が、イキやすくなるという女性は多いもの。

419　女性の腰を浮かせる

彼女の脚の間に入り、お尻をかかえるようにして挿入。彼女は体を反らすような姿勢になります。へそから下の下半身が伸びるポーズになり、緊張が高まります。緊張の高まりが解けるときにオーガズムを感じやすくなります。

420　頭を押さえつける

彼女が小柄で身長差があれば、試してみてほしいこと。それは、正常位で挿入したら、彼女の頭が上に移動しないように、自分に引きつけるように押さえつけること。「振動が逃げて行かない、ドM心をくすぐるセックスでした」という声が。

421　背中を反らせながら

彼女に対して90度の角度で挿入したら、手を後ろについて自分の体を反らせてみましょう。腰を突き出すように動かせば、彼女のGスポットを刺激しやすい角度になります。抜けやすいのであまり激しくは動かないこと。

422　手の平をついてよつんばい

「よつんばい」は、手の平をついたテーブルのような姿勢。この姿勢で後ろから挿入すると、挿入は浅めなので、挿入を痛がる女性、まだ挿入の気持ちよさに目覚めてない女性にはいいでしょう。またペニスが大き過ぎる男性にも◎。

423　ひじをついたよつんばい

手の平をつくよつんばいは利点もありますが、安定感が悪い難点もあります。安心して楽しみたいのならひじをついたよつんばいがいいでしょう。お尻とともに、性器を突き出すようなポーズになるので、挿入は深くなります。

424　女性の上半身を低く

体の柔らかい女性なら、腕を伸ばして上半身をベッドに深くうずめた姿勢ができるはず。体重をベッドに預けられる姿勢なので、全身をリラックスさせやすいポーズです。優しく包みこんでもらえるような挿入感になります。

425　女性の脚を広げる

よつんばいになった女性の脚を広げるようにしてもらいましょう。普段は隠している性器や肛門が丸見えに。「大胆なポーズをしちゃっている」という意識が、彼女の興奮度を高めるでしょう。よりディープな一体感を味わえる体位です。

426　女性の脚を閉じる

女性の脚を閉じて挿入というパターンもあります。その場合は、膣が圧迫されるので挿入するときには「きついな」と感じるかもしれません。大きなペニスの持ち主なら、なかなか入らないかもしれないのでご注意を。

427 うつ伏せに重なって

彼女がうつ伏せになり、重なるようにして、後ろからというやり方もあります。彼女に少しお尻を浮かせてもらい挿入。クリトリスに重みがかかるので、女性に気持ちいい体位ですが、膣口が前よりの上ツキの女性では難しいかも。

428 ベッドのふちで

自分はベッドサイドに立ち、彼女にはベッドの縁でよつんばいになってもらえば、立ったまま挿入ができます。大きな動きでピストンができるので、女性が激しいセックスを求める傾向にある、生理前なんかにいいかもしれません。

429 上半身をソファーに預けて

彼女が床にひざをつき、上半身だけソファーに預ける姿勢も試してみましょう。ソファーで上半身が固定できるため、より激しい動きにも対応できます。腰が弱くて、反らせるのがつらいという女性にもおすすめです。

430 片脚をソファーにかけて

ソファーに片脚だけを乗せた、立ちバック的な体位もいいでしょう。彼女は片脚で立っているので、ひざの曲げ伸ばし、脚の広げ方、背中の反らし方、腰の曲げ方など、色々と変化させやすいのがこのポーズのいいところです。

431 後ろから手を引っ張りながら

バックでひとつになったときに、彼女の腕を持ってみるというポーズも。彼女の顔を見ることができますし、腕を引っ張ることで、彼女の体がねじれ、挿入感も変わります。激しくピストンすると負担をかけるので、ゆっくり動いて。

432 下から突く

騎乗位を「男性がラクできる体位」だと思っているかもしれません。しかし、多くの女性は「どう動いていいか分からないから苦手」と言います。そんな女性たちを騎乗位好きにするには、最初は自分が動くコト。下から腰を突き上げて。

433 クリトリスに手をそえて

女性に騎乗位で気持ちよくなってもらうには、彼女が乗って挿入してくれたら、自分の利き手の親指をそっと彼女のクリトリスに押し当てること。クリトリスをすりつけるように動くと気持ちいいことを覚えてくれるでしょう。

434 上下に

騎乗位では彼女にこんな指示を出してあげてもいいでしょう。「入れたまま上下にゆっくり動いてみて。上にいくときは膣に力を入れて、下にいくときは膣の力を緩めて」。彼女の性器の使い方の練習にもなり、お互いが気持ちよくなります。

435 前後に

騎乗位は、前後に動くこともあります。女性がひざをついて挿入し、クリトリスを彼の体に押し付けるように前後に腰を動かすのです。慣れないうちは、あなたが彼女の腰を持って動かしてあげるとよいでしょう。

436 体重を乗せることを許す

騎乗位のときに、女性たちが気にするのが、体重。「彼に重いと思われたらどうしよう」と常々思っています。「体重を乗せても大丈夫だよ」と言ってあげるだけで、彼女の気持ちがラクに。本当に重い女性には言えないかもしれませんが。

437 立ったまま前から

立って向き合って挿入するときは、彼女の片脚を持ち上げる必要があります。脚を上げることで膣口が見えて、男性のペニスを挿入しやすくなります。彼女の腕はあなたの首へ回してもらい、彼女を抱きかかえるようにして挿入します。

438 立ったまま後ろから

いわゆる立ちバックという体位。立って壁などに手をついた女性を、後ろから抱きしめて挿入します。狭い空間でもできますし、いけないことをしている感が燃えるという女性も。片脚を持ち上げるとさらにエロティック。

439 横向きに寝そべって重なるように

これは私が一番好きな体位です。横向きに寝そべった女性に、重なるようにして添い寝し、後ろから挿入します。体重をベッドに預けられるので、余計な力が体に入らず、最高に体をリラックスさせて挿入を楽しめます。

440 横向きに寝そべって向かい合って

横向きに寝て挿入しようとすると、お互いの脚を“松葉相撲”のように絡め合う必要があります。どうやったら入るかな？どの角度なら深く入るかな？　と股間を押し付けてもぞもぞしながら、しっくりハマったときは、最高な気分になる体位。

441 座っている状態で

男性がソファーや椅子に座り、彼女が向き合う姿勢で彼に乗り挿入。壁にもたれて座る彼の上に乗り挿入など、座りの体位を座位といいます。見つめ合いやすくキスがしやすいので女性が好む傾向にあり、女性が動きやすい体位です。

Chapter 11
より深く愛し合うために

非日常的な行為を共有することで深まっていく愛もある

ここまで読んでいただいたら、女性とひとつになることまではできるでしょう。でもそこがゴールではないですよね？　好きな女性とは、より濃密に、信頼し合って、長くつき合いたいと思うのが本音ではないでしょうか？

そんな関係になるには、趣味や旅行をともにして、出来事や時間を共有することで、お互いの必要性を認め合い、また、意見の交換やときにはケンカをすることで、お互いの違いを受け入れ、補い合う……などのさまざまな経験を経て到達できます。その関係性は、日常生活においてはもちろんのことですが、ベッドの上でも構築できるとさらにいいですね。お互いハダカになっての共同作業や、違和感のすり合わせが充実すれば、一層ふたりの関係性は発展します。そこで最後の章には、知っておきたい大人のトピックをあれこれまとめました。

最初にお伝えするのが、後戯のこと。後戯とは、セックスが終わった後のことを言います。セックスはお互いが満足できれば最高ですが、時間や体力の制限、体調や気分の問題もあり、毎回そうもいきません。「次もまたセックスしたいな♥」とお互いが思えるためには、セックスの後のフォローがあるだけで違います。

そして、一緒にセックスの新たな扉を開く方法をご紹介。それは、シチュエーションを設定するロールプレイ&ＳＭプレイ、大人のおもちゃなどの、ちょっと大人のプレイです。これらは必須ではありませんし、いきなり提案すると引かれちゃうこともあります。でも未知の世界をドキドキしつつ経験すれば、「こんなことまで……」という思いで、ふたりの心はよりディープに繋がることも。彼女と会話しながら、徐々に取り入れてみてはいかがでしょうか。

もっとふたりで楽しむための新たな扉

セックスの不満の中には「セックスの後、彼が、すぐ寝ちゃう」「セックスがマンネリ化しちゃう」という声があります。男性がセックスの後に寝てしまうのはしかたがないので、フォローの方法を知っておくといいでしょう。また、セックスのマンネリ化は、関係が深まった証拠。悪いことではありませんが、新しいことをふたりで始めるきっかけとなりますので、いろいろな楽しいことを始めてみては？　ここでは、いろいろなプレイをご紹介します。

442 コンドームの外し方と捨て方

射精は膣内でコンドームの中に行うのが基本。射精後はペニスがしぼむので、根元を押さえて速やかに膣から抜いて、コンドームを外したら精子がこぼれないように根元をしばってティッシュに包んで捨てます(No.311 P126参照)。

443 賢者タイムの抱擁

射精後、冷静になり、抜け殻状態になる時間を"賢者タイム"というそうです。外敵から身を守るためのプログラムという説がありますが、そんな態度に女性は「嫌われた?」と思うことも。手を握るだけでもいいので、なんらかの抱擁をして。

444 どのくらい体力を使うのか説明する

「400mを全力疾走するくらい」と、男性がセックスのときに使う体力を例えることがあります。セックスの後の賢者タイムは、女性には理解しがたい感覚ですので、どのくらい疲れるものか一度説明してあげるといいでしょう。

445 拭いてあげる

射精が終わると、コンドームを外して自分のペニスを拭きますが、そのとき、彼女のことも考えてあげられるといいですね。彼女の性器も愛液で濡れていますので、ティッシュでそっと拭いてあげるか、ティッシュを手渡すなどの優しさを。

446 ピロートークを求められたら

女性は、ピロートークと呼ばれる、セックスの後のおしゃべりや愛撫を望みがち。理由は、エネルギー発散や心を満たすためという意見も。セックスの後も彼女が元気なら、次は自分の満足より、彼女の満足を優先してみて。

447　腕枕で眠る

男性の腕枕で眠りたがる女性もいます。でも疲れて、それどころじゃないこともありますよね。そんなときは、自分が彼女の腕枕で寝てみては？　わきの下に顔をうずめるようにすれば重くありませんし、彼女の母性をくすぐることができます。

448　ロールプレイの利点

シチュエーションを設定して役割になりきる“ロールプレイ”をセックスに取り入れることは、たくさんの興奮ポイントが隠れています。別の人格になりきることで、普段は得られない感情・感覚を得られる、大胆な行為ができる……など。

449　なりきりやすい、医者と患者

経験したことがあることは、再現しやすいもの。患者役ならなりきりやすいのでは？　お尻や股間など恥ずかしい部分を医者に見せたときの感情を思い出して遊んでみましょう。医者役になり、診察という名目で彼女を触るのも楽しそうです。

450　教師と生徒の関係を膨らませる

学生時代を振り返ると、憧れていた教師がひとりはいるのではないでしょうか。その気持ちを思い出してみましょう。先生を好きになるなんてあり得なかったというなら、自分が先生役になってみるのもいいでしょう。

451　先輩と後輩という身近な設定を楽しむ

地元の先輩、部活の先輩、職場の先輩など、先輩・後輩の間柄になりきるのも楽しいものです。あなたから「先輩のことずっと好きでした」なんてふうに、彼女に声をかけたら、彼女もすんなりその世界に入りこんでくれるのでは？

452　上司と部下の禁断の愛

職場内の恋愛の設定はいかが？　部屋をオフィスだと設定して「ここなら誰も来ないから大丈夫だよ」なんてふうに。あなたが上司になるもよし、彼女を女上司にするもよし、ふたりがしっくりくるシチュエーションで演じてみましょう。

453　配達のお兄さんを演じる

女性の中には、配送のお兄さんに迫られるというファンタジーを持っている人もいます。チャイムを鳴らすところから始めて、「ずっと奥さんのことをキレイだなって思っていました」なんていうベタな口説き文句からスイッチオン！

454　同性同士の設定で

男性同士の恋愛を描いた小説やコミックのジャンルを“ボーイズラブ”といい、好きな女性は結構います。バーで隣に座った、“同性から見ても素敵だと思える同性”に口説かれる設定はいかが？　彼女にスーツを着てもらったりして。

455　お金の関係と割り切ってみる

風俗嬢と客。男性性感マッサージ師と女性客。なんていうように、お金を介してセックスをする関係になりきるのも面白いかもしれません。「キメ細かくてキレイな肌ですね。では、少し脚を開いてみてくださいね……」なんてふうに。

456　ペットになる

『きみはペット』という漫画は、ドラマ化もされたほど人気の作品。甘えてくる男性を、ペットのようにかわいがりたいという願望がある女性が多いのでしょう。漫画のように彼女からペットの名前で呼ばれると、その気になれるかも。

457　Sはサービス、Mは満足

SMプレイと聞くと、ハードルが高く感じるかもしれません。しかし“Sの役割はサービスすること、Mの役割は満足すること”だとしたら、自分にもできるかもと思えるのでは？　精神的なつながりを深められるきっかけになるかも。

458　視線を利用する

するどい視線で誰かに見つめられて、ゾクゾクした。そんな経験はありませんか？　視線を受け、「何かをされるかも」という警告の反応が起きたのでしょう。S役の人は、そんな反応を利用して、M役の人を興奮に導きます。

459　お願いする

彼女のS心に火をつけたいなら、してほしいことを土下座でお願いしてみて。例えば「あそこを舐めてください!!」と。そんなふうに言われたら「じゃあ、○○してくれたらネッ」というように、あなたの心を弄んでくれるかもしれません。

460　目隠し

アイマスクやスカーフなどを使って、視界を防ぐというのはSMのプレイでよく見る光景。相手の視覚を奪うことで、その他の感覚を目覚めさせ、快感を開発してあげるというサービスです。お互いにやり合ってみてはいかが？

461　拘束する

ストッキングやネクタイで手足を縛るのも、SMプレイでは欠かせません。自由を奪うことで、恐怖感をあおり、ドキドキ興奮させるというテクニック。信頼関係がないうちに行うと、トラウマになりかねないので、注意しながら。

462 スパンキングが好きな女性もいる

スパンキングとは、平らなものや平手でお尻を叩くこと。そんなひどいこと……と思うかもしれませんが、「バックでの挿入中に叩かれると膣が締まって気持ちがいい」という女性も稀にいるので「叩いて」と言われたら、試してみても。

463 乳首をつねる

SMの道具には、“ニップルクリップ”という乳首を挟むクリップや、乳首につけるアイテムがあります。痛みを気持ちいいと感じる人もいるからです。あなたや彼女も、そういった性癖があるかもしれません。まずは小さな刺激で確認を。

464 言葉を駆使する

「気持ちいいよぉ〜」なんて甘えた口調で、自分の体が満足していることを言葉で表すのは、相手のS心に火をつけるしぐさ。「もっともっと気持ちよくしてあげよう」と思って、彼女がいろいろな刺激を与えてくれるかもしれません。

465 「すごいね……」とつぶやく

「ぐちょぐちょだよ」と投げかけたり「どうしてほしい?」と問いかけたりする言葉責めはハードルが高いもの。ですが、そのような言葉責めを「嫌いじゃない」という声はチラホラ。「すごいね……」などと彼女への言葉かけから始めてみては?

466 首輪を使う

100円ショップなどで買えるペット用の首輪。購入してみるとその気になりやすいかもしれません。首輪をつけられた方は、ご主人様の言うコトを聞くというルール。彼女に「あそこを舐めて」、なんてエッチなお願いもありかも……。

467　大人のおもちゃを使ってみる

「大人のおもちゃ店」「ラブグッズ店」には、セックスをより楽しくするためのアイテムがたくさんあります。代表的なものを紹介しますので、使ってみると、知らなかった快感を発見できることも。ふたりで選べば、彼女の興味も分かります。

468　ローション

大人のおもちゃの中で、最も手軽に始められるのが、ローションです。ボトルに入っているぬるぬるした液体を、お風呂場で体に塗って皮膚を合わせると得もいわれぬ快感が。湯船のお湯をローションにする、バスローションもおすすめ。

469　バイブ

電池や電気で動くアイテムを称して“バイブレーター”といい、ペニスの形に近く、女性に挿入できるタイプは“バイブ”と呼ばれています。大きなものは、入れるときに痛みを感じやすいので、初心者は直径3cmくらいの小ぶりなタイプが◎。

470　ローター

バイブレーターのうち、コロンとした丸い形や、手の平に乗るくらいのサイズで、膣内に入れることを目的としないものを“ローター”といいます。女性が興味を持ちやすい、リップ型などかわいらしいフォルムのものが多いのも特徴。

471　コスチューム

アニメキャラの衣装、ナースやメイドのようなお仕事衣装などがあれば、ロールプレイがより一層盛り上がります。着るだけでもテンションはアップ！　コスチュームなら、エッチなお店じゃなくても買えるので、取り入れやすいでしょう。

472 旅先で

カップルにとって、ふたりで行く旅行はとてもワクワクする出来事。旅行というだけでテンションが上がるし、いつもと違う環境や、日常からかけ離れた解放感があるからこそ、より気持ちのいいセックスができることも。

473 貸切り風呂で

旅行のお楽しみのひとつに温泉があります。ふたりで貸切れるなら是非一緒に入りたいもの。温泉で体が温まると、より感度もよくなります。「子供が欲しいなら、温泉旅行へ行け」といわれるほど、セックスも体も充実しやすくなります。

474 キッチンで

旅行や温泉に行ったりできなければ、家の中で楽しむ方法もあります。いつもはベッドで愛し合っているなら、キッチンやお風呂場で愛し合ってみる。それだけで、気分が変わって、新鮮な気持ちになれます。是非、お試しを。

475 ポリネシアンセックス

ポリネシアンセックスとは、4日間、挿入をせずただピッタリとひっついて寝る。5日目、前戯にたっぷり時間をかけ挿入し、30分は動かないというセックスで、オーガズムが何度もやってくるとか。いつか試したいものですね。

476 大自然の中で

太陽の下や自然のなかで愛し合うことは、人間の本能を満すことができる気がします。とはいえ、屋外での行為は人に迷惑をかけてしまいますから、ナチュラルな光が降り注ぐペンション、海辺のリゾートホテルなど、プライベート空間で。

気になる《女子の心理とホンネ》

童貞とセックス経験ある人、どうだった？

まずは大変だったという意見から。「挿入時に“場所が分からない”と言われました」(29歳・会社員)、「ひたすらAVを追いかけていました。あんなに色々な体位を試せないですし、そんなに何回もできないので、正直しんどかったし、シラけました」(39歳・会社員)。それでは、好意的な意見を。「丁寧。一生懸命！」(35歳・会社員)、「自分の思うように1から10まで教えられるからよい!!　新鮮さも♡」(32歳・飲食)、「セックスはないけどフェラは何回かある。勃ちの角度がすごくて、反応がかわいくてたまらない♡」(37歳・会社員)。そしてこんな声も。「ないけどいつかしてみたい」(40代・エンジニア)。

女性もムラムラすることあるの？

約8割が「ある」と回答。具体的には、「生理前、寝る前とか。“人肌恋しい”という表現にも近いかも」(31歳・フリーランス)、「排卵日近くはオナニーしないと眠れません。触れ合いたい感情が伴うセックス欲とは、また違う気がします」(36歳・クリエイター)、「生理直前、生理終わりかけ、排卵日には異常にムラムラしちゃう。したくてたまらなくて、仕事が手につかない時もあります」(37歳・会社員)。生理周期と性欲がリンクしている女性は多い。「妄想したとき。好きな人と会ったとき！」(31歳・販売)、「疲労と眠さがMAXの時。寝ても淫夢になる(笑)」(35歳・会社員) この辺は、男性も同じでは？

キスで気持ちよくなるってホント？

「感触でドキドキして濡れることもある」（31歳・フリーランス）、「キスがいいと、全身から力が抜け、頭がポーッとしてとろけそうになる。ゆっくりお互いの唇を味わうようなキスも、濃厚なディープキスも、強引なキスも好き。顔を見ただけで濡れちゃうことも」（37歳・会社員）と、キス好きの女性は多い。「私はキスするまでが楽しいです。お互いにキスできる距離にいるけどしないでイチャイチャしているときが楽しい」（39歳・会社員）、「私は気持ちよくない。ハダカで抱き合っているだけの方が気持ちいい」（29歳・会社員）。これらの声から、唇の接触はきっかけで、心の興奮が感度を上げていることが分かります。

最高だったキスのシチュエーションってどんなの？

「ずっと我慢してもらい、やっとOKを出したときにソフトにチュッ」（46歳・自営手伝い）、「雨の日に傘の中で。周囲から見られるかもというハラハラ感がイイ」（29歳・会社員）、「飲んでいたジュースを取ってもらおうと思ったら、彼が口に含んで口移しで飲ませてくれた」（45歳・派遣）、「エレベーターで突然。部屋の大そうじをしていて休憩中に突然。寝起きすぐ」（32歳・会社員）。我慢が解放された時、禁止されている状況、突然……など、環境が強く関係していることが分かります。「するたびに最高が更新されるから特になし」（30代・自営）、「最高だと思ったことがない」（45歳・会社員）なんて意見も。

気になる《女子の心理とホンネ》

女性がセックスをしたいときのサインって？

「部屋にいるのであれば彼の膝の上に座ったりする」（31歳・フリーランス）、「とりあえず彼の腕に腕をからませて、おっぱいを当てています。気づいているかは謎」（31歳・ネイリスト）、「やたら甘えてボディタッチが増える。キスをねだったりする」（32歳・公務員）、「ベタベタくっついて太ももあたりを触る」（30代・自営）など、スキンシップを増やしてサインを送る女性は多いようです。その他の意見は、「サインはない。したいときは直接言う」「サインを出したことはない」「帰ろうとしないこと」「相手にスイッチを入れられないとしたくならないので、自分からサインを出すことはない」などがありました。

絶対セックスしたくない男性ってどんな人？

「清潔感がない人」は満場一致の意見でした。細かく聞くと……、「臭う人、脂っぽい人」（45歳・派遣）、「とくに手が汚い人は絶対に無理。私の大事なところを汚い手で触られたらお腹が痛くなりそうで嫌ですね」（31歳・フリーランス）、「お風呂が嫌い、歯を磨かない、手を洗わない」（28歳・会社員）。その他は「俺様。“俺のチンコはデカい”のような俺自慢ばかりする人」（35歳・会社員）、「“コンドームつけなくても多分大丈夫！　できたことないし”とか言う男」（42歳・カウンセラー）、「混み合った電車でまっしぐらに空席へ向かう男性とは、悪い遺伝子をもらいそうでセックスしたくない」（32歳・会社員）。

ゴムをつけたら感度はどうなる？

感度は「変わらない」と「落ちる」に二分しました。変わらない派の意見は「そんなに気にならない」（35歳・会社員）、「変わらないというより、むしろゴムをつけないと不安で全然気持ちよくないです」（31歳・ネイリスト）。落ちる派は「ゴムによっては擦れて痛くなることも。感度も悪くなっちゃうかも」（37歳・会社員）、「落ちるので、基本つけない」（46歳・自営手伝い）、「しっかり濡れた状態でインしないと、最初、摩擦抵抗が出る。それがクリアできたら、とくに変わらない。ゴムのサイズが合ってないとなかでだぶつく感じがあって違和感」（45歳・主婦）。濡れにくい女性には、潤滑剤があるといいですね。

セックスの前のシャワーは必要？

「必須。存分に舐め合えるから♪」（32歳・公務員）、「少し潔癖症なので、できればセックスの前後にシャワーしたいです」（37歳・会社員）は筆者も同意見。というか、自分のおしっこ臭さに引くことがありシャワー必須なので、いらない女性も多いことに驚きでした。「私はシャワーしたいけれど、相手の匂いが好きなので相手は別に必要ない。だけどおしっこ臭いのは嫌。そこだけは洗って欲しいな」（28歳・会社員）、「夫が平気な人なので、セックスするという理由でシャワーをしたことはない」（39歳・自営）、「よほど汗をかいている真夏とかではない限り、別になくていい」（30歳・会社員）。

気になる《女子の心理とホンネ》

フェラチオをするのは普通ですか？

約7割が「普通にする」と回答。「大好き。フェラをしないセックスなんて、タコの入ってないタコ焼きと同じ。フェラが嫌いな男性とつき合ったときは超つまらなかったです」(31歳・ネイリスト)、「特技なので常にやる」(30代・自営)、「嫌いと言う女性が多いのが理解できない。男性器ほど愛おしいものはないのに」(37歳・会社員) と、溺愛レベルの女性もいれば……、「するのは嫌いではありません。でも自分から率先してすると相手の反応が気になるので、最初は相手から言われない限りしないです」(30歳・会社員)、「セックス自体経験ないけど……あんまりやりたくない」(31歳・販売)と、人それぞれ。

あそこを舐められるのは好きですか？

クンニリングスも約7割が「好き」と回答。「好きです。そのためにチョッピリ脱毛もしています(笑)　舐めてもらうとき邪魔かなと思って」(31歳・ネイリスト)、「好きだけど、感じ過ぎてわけがわからなくなるので、後になってもったいなかったと思うことがある。体の余韻だけ残るので、どんな感じだったのか思い出せない」(39歳・自営)。「あまり好きではない」「嫌い」と回答した女性の声は……、「あまり好きじゃないかな。舐められるより、指の方が感じる」(37歳・会社員)、「ホルモンバランスによります。生理前は、自分のあそこのにおいが気になるので、絶対にイヤです」(45歳・主婦)。

女性のイク感覚ってどんなの？

「クリトリスで、膣で、奥で……といろんな種類のイクがあると思う」（29歳・教師）というように、感じ方はじつにさまざま。「快感が段々高まってきて、膣の辺りがピクピクする感じ。頭が真っ白になるとかはないですが、イッた後はちょっとぼうっとする感じはあります」（30歳・会社員）、「せつない気持ちで涙がこぼれる瞬間に近い」（42歳・カウンセラー）、「気持ちよさ以外には脳内になーんにもない感じ。一度死んで新たに生まれ変わるような……最高のデトックスでもあります」（40代・エンジニア）、「クリイキしか経験ないけど、電流ピリピリ」（35歳・会社員）、「カクンと脱力する」（45歳・派遣）。

大人のおもちゃって使いたいですか？

約6割が「使ったことがない」。そのうち8割が「使ってみたい」と回答。使ってみた感想は、「謎のローションをもらったので使ってみたら、アソコがしみた経験あり（泣）。他のおもちゃも使ってみたい」（31歳・フリーランス）、「ローションは楽しい。バイブはちょっと怖いです。電気で動かすものを湿度の高い体の深部に入れるのに抵抗があって」（34歳・会社員）、「バイブよりローター派。ローターでクリトリスを刺激されるとたまらない。ローターで濡れ濡れにして、振動しないバイブを中に入れるのが好き」（37歳・会社員）。使いたくない理由も聞いてみました。「お道具をケアしている絵面がイヤ」（39歳・自営）。

気になる《女子の心理とホンネ》

＼ どのくらいのセックス時間を望んでいるの？ ／

アンケートでは、「30分」と「1時間」という声が多数。「時間ではなく、濃度や充実感。5分でもすごく気持ちよくて熟睡してしまうことも」（40代・エンジニア）のように、時間の長短は気にしていないという声もチラホラ。「1時間ぐらいやったら、休憩したりしゃべったりして……再開。そういう意味では一日中？」（39歳・会社員）、「セックス自体はあっという間に終わってしまうと思うので、一緒に食事するときからすでにイチャイチャするなど、前戯の時間を長くとってほしいですね。長ければ長いほどセックスのとき盛り上がるのでいいですよ」（39歳・会社員）など、日常の前戯を求める声も多数。

＼ 最高だったセックスってどんなの？ ／

「すごく久しぶりに会ったとき、キスしながら、笑いながら脱がせ合って、ベッドになだれ込んだとき。恥じらいとかよりも、お互い求め合っているっていう感じがよかった」（29歳・会社員）、「とっても丁寧に愛撫されて、まずクリトリスでいっちゃってから、挿入。でもじーっとして動かずに、入っている感覚を時間をかけてたっぷり味わう。で、私が我慢できずに動いちゃうという感じ。最近の旦那とのセックスです♪」（32歳・教師）、「性欲丸出しじゃなくて、お互いを好きな気持ちが強くて、2人の時間を大切にする気持ちとかも伝わってくるようななかで自然に始まったとき」（37歳・飲食）テクより気持ち♥

最低だったセックスってどんなの？

「ひたすら長い」（35歳・会社員）、「左右のおっぱいを触って、濡れているか確認されて、即挿入でEND。ダッチワイフ的な使われ方をされたセックス」（35歳・会社員）、「“ゴムつけるとイケない”と言われた。面倒くさくてフェラで抜いて、惨めな気持ちに」（36歳・自営）、「イケメンにお持ち帰りされ、どんなセックスかワクワクしていたのに、セックスの印象は薄すぎてまったく覚えていない」（31歳・自営）、「フェラのときに頭を押さえつけられたのには怒りが湧いた。イイ男はフェラのとき、愛おしそうに髪を撫でてくれます。あとはスパンキングとか自己中なAVまがいのセックスも興醒め」（37歳・会社員）。

女性もAVを観ますか？どんなのが好き？

約6割の女性が「観る」と回答。「ストーリーがきちんとしていてきれいな男女を起用したAV」（45歳・派遣）、「シミュレーションに使うから、自分と似た体型の女優の作品を選んでしまう。Mなので、M系の内容」（35歳・会社員）、「ひとりで観るときもあるし彼と観るときも」（40代・エンジニア）。観ない女性の答えは、「映画でのセックスシーンの方が好き」（39歳・自営）、「AVは気持ち悪くて観られない。肉体ばっかり映っていて、なんかイヤ」（36歳・クリエイター）、「AVより本や漫画が好き。単に“その場面”を観ても、全然そそられない。物語、ロマンス、セックスの必然性が必要」（42歳・サービス業）。

気になる《女子の心理とホンネ》

セックスのとき どんな言葉をかけられたい？

意見が分かれました。「かわいいね、こんなに濡れてどうしたの？ どうして欲しい？」（37歳・会社員）、「“愛してるって言え！”と言われながら突かれると盛り上がる」（50代・自営）、「“すごく締めつけられる”とか状態をいわれるのが好き。あと、褒められたい」（25歳・会社員）のように、実況や質問などの言葉で興奮するという意見。また、「こっちの気持ちよさを聞かれるより、自分がどれくらい、どのように気持ちよいのか言ってほしい」（44歳・主婦）、「言葉はいらない。“気持ちいい”って言わせたい」（31歳・フリーランス）など、彼氏からの「気持ちいい」という言葉にそそられる意見が。

セックスが合わなくて、別れた経験は？

合わなかったという人は結構いました。「アナルでしかイケない人とつき合ったときは、どうしても合わなくて別れました」（31歳・ネイリスト）、「セックスが最低だった男とつき合ったことはある。浮気はしたくないし……つき合っている間は本当に苦痛だった。原因はそれだけじゃないけど、別れました」（35歳・会社員）。こんな意見も。「私はつき合う前にセックスします。だから、合わないという理由の別れはないです」（40代・会社員）とはいえ、つき合う前に相性を確かめるのがいいかといえば……、「セックスがよくて別れられなくてズルズル付き合ってしまったことはある……(´-ω-`)」（32歳・教師）。

付録

これから初体験をする男子へ伝えたい12のトピックス

一、セックスはダンス

童貞の男子にとっては、セックスは未知過ぎて、恐怖を感じるくらいプレッシャーな行為に思えるかもしれませんね。そんなあなたに、最初に伝えたいこと。誤解を恐れずに言いますが、セックスなんて、ただのスポーツです。いや、セックスは、ペアを組んで踊る「ダンス」に例える方が近いかもしれません。では、あなたが女性と社交ダンスを踊ることになったところをイメージしてみてください。最初からバッチリうまくいくなんて思いませんよね。まずは、一緒にダンスビデオを観て予習するかもしれません。少しずつステップが合うように練習するかもしれません。セックスだって同じ。ふたりでトライ&エラーを繰り返しながら、ゆっくりと上手になっていくものです。あまり難しく考えないで。

二、童貞を「時代」のせいにしてよし！

自分が童貞なのは、男としての魅力がないからだと、絶望するくらいなら、いっそ時代のせいにしてよし！お見合い結婚が当たり前だった時代は、童貞喪失も結婚も今より簡単でした。なぜなら、自分が動かなくても周りがお膳立てしてくれたから。結婚したら、自動的に初夜を迎えられ童貞喪失もできました。でも、恋愛結婚が主流になった今は、コミュニケーションスキルを身につけて、自分で相手を見つけないといけません。お見合い結婚をした頑固オヤジには、到底できないことでしょう。時代が変わり、恋愛や結婚が難しくなったのですから、童貞なのは時代のせい！　と割り切って、自分を責めるのは卒業しましょう。すると、自分自身の評価が変わって、今よりラクに生きられるはずです。

三、セックス以前の会話を大切に

女性からの性の相談で「してほしいことを言えない」というものがあります。例えば「ゆっくり触ってほしい」「舐めてほしい」といったようなことです。「引かれるかもしれない」という不安から言えなくなってしまっているよう。男性に「上に乗ってほしいけど言えない」と相談されることもあります。なぜそういう気持ちが起きるのでしょう？　それは「言ったら嫌われる」「嫌われたくない」という感情が根底にあるから。それをなくすには、セックスする前に、お互いのことをたくさん話すこと。恥ずかしいこと、言いたくないことも少しずつ話して、「素を出しても嫌われない」という経験をいっぱい積みましょう。信頼関係を築いておけば、セックスのときも、お互いの意見を言い合いやすくなります。

四、初体験は一夜にして成らず

何百人もの女性に、初体験の様子を聞いてきましたが、1回目ですんなり挿入できたという話は、稀です。ましてや、その日のうちに、彼が射精まで至ったという話は、あまり聞いたことがありません。処女の女性は、緊張で体がこわばったり、慣れてなかったりで、挿入に痛みを感じやすいのです。私もですが、2回目でやっとひとつになれたというケースが多数。初めて同士のカップルの場合なら、5〜6回チャレンジしてやっと……というのも珍しくありません。これは、童貞くんからしたら初めて聞く事実なのではないでしょうか？　ハッキリ言います。初体験は一晩でクリアできるものではない！　だから、一回目でうまくいかなくても「自分はダメだ」と自信を失う必要はないのです。

五、避妊は必ず

「買うのが恥ずかしい」「どこで買えばいいか分からない」「お金がない」などの幼稚な理由で、コンドームを使わず初体験に挑むカップルもいます。セックスは、命の責任が伴う大人の行為。妊娠する可能性があることは知っていますよね？　キビしいことを言いますが、冒頭のような稚拙な考えがあるうちは、セックスをしないでください。「子供ができたら産んでもらいたい」と思っていたとしても、彼女が同じように考えているかは分かりません。ふたりで「産む」決意をするまでは避妊は確実にしましょう。また、妊娠に対して極端に恐怖を抱いている女性は少なくありません。事前にスムーズにコンドームをつける練習をしておき、「彼なら大丈夫」と思ってもらえるようにしましょう。

六、相手をより深く知るツール

セックスに対するイメージはどんなものですか？　真っ先に思い浮かぶのは、快感や快楽といったようなものではないでしょうか？　もちろんそれは間違いではありませんが、それってセックスの一部分を表しているだけです。自分も相手も気持ちよくなれるのは大いに結構。でもその前に、セックスは「相手を深く知るツール」だということを、インプットしてほしいなと思います。銭湯などで「ハダカのつき合い」で絆が深まるように、ハダカの触れ合いは、心の繋がりを深めます。自分の体をケアしてくれる整体師さんには、リラックスして何でも話してしまうように、気持ちよくしてくれる相手には、心を許してしまうもの。セックスを介せば、ふたりの関係は、もっともっと親密になれるでしょう。

七、童貞を隠す必要はありません

男性向けのセックスハウツー記事を読んだとき、衝撃を受けました。そこには「童貞だとバレないテクニック」というような見出しが躍っていたから。繰り返すようですが、セックスは、普段、人に見せない部分を見せ合って、お互いのことを深く知る行為。ですから、自分のリアルを隠したっていいことなしです。自分を偽っていたら、相手だって偽りの姿しか見せてくれないでしょう。気持ちよくなってくれないかもしれませんし、恥ずかしがって服すら脱いでくれないかも。でも、「初めてなんだ」と告白したら、彼女のほうも「じつは……」と隠していることを話してくれるかも。彼女のほうがリードしてくれるかも……。童貞を隠してするセックスよりも、建設的なセックスができるはずですよ。

八、最初は、思っているほど気持ちよくない

夢も希望もない話しかもしれませんが、初めてのセックスはそれほど気持ちのよいものではありません。初体験のことを聞くと「よく分からなかった」「覚えてない」などという声が多いものです。女性に聞いても、「痛いだけだった」「とくに気持ちよくもなく、こんなもんかという感じ」という声は、決して少数派ではありません。もちろん「最初のセックスでオーガズムを迎えた」という驚きの発言もたまには聞かれますが、その裏には「未成年・飲酒」といった、非日常なシチュエーションが裏に絡んでいることが多いもの。セックスは、繰り返していくうちに、お互いの心のバリアがとれ、体の緊張感がほどけていくごとに、感度も増していくもの。徐々によくなっていく感覚を楽しんで。

九、女性だって不安！

初体験の前に「失敗したらどうしよう」と悩む男子は多いでしょうが、女性だって悩むことなら負けていませんよ。女性の場合は、「あそこのカタチがヘンって引かれたらどうしよう」「おっぱいが小さくて嫌われたらどうしよう」という体のコンプレックスが必ずと言っていいほどつきまとっています。なかには「あそこのビラビラ（小陰唇）が嫌で、手術で切り取った」という人までいるほど、美醜にこだわる気持ちは強いのです。きっと男性からすると、「そこまでするか!?」という感覚ですよね。しかし、男性の「初体験で失敗したらどうしよう」という不安も、女性からしたら「失敗してもいいのでは……?」という感覚だと思いますよ。男女ともに必要ない不安は手放せてしまえればいいですね。

十、ペニスの大きさ信仰にとらわれない

ペニスは大きい方がイイ！　なぜかこう思っている男性は多いのですが、女性からは、「大き過ぎると痛くてキツい」という意見はよく聞きます。もちろん、それまでの経験によって、大きいペニスに慣れていて「大好き」という女性もいることは事実です。でも、童貞のみなさんが出会うタイプの女性は、同じように経験が少ない女性が多いはずです。そういった女性は、大きいペニスは「怖い」と思っていることでしょう。ですから「自分は小さい」と悩む必要はありません。逆に、大き過ぎて「奥まで入れられない」という悩みを抱える男性もいます。膣は出産時には、赤ちゃんの頭が通るほど広がる可能性のある器官ですから、大きい人は、じっくりじっくりと時間をかけて慣らしてあげましょう。

十一、射精はしなくてもいい

驚くかもしれませんが、多くの女性は、男性に対して「絶対射精してほしい」とは思っていません。もちろん「彼のイクときの顔が好き」という女性もいますし、妊娠を望んでいる場合は、射精してほしいと思っているでしょう。しかし、妊娠を望まない、挿入が気持ちよくない、途中で疲れてしまったときなどは、射精は必須ではありません。「僕は射精しなくてもいいんだ。抱き合っているだけで幸せだから」こう言っても万事OKなのです。射精にこだわっているのは、男性の方ですよね。射精はひとりでもできる行為なのですから、ふたりのセックスのときは、射精をゴールに設定しなくてもいいのではないでしょうか。射精にこだわらなければ、セックスはもっと気軽に自由にできるようになります。

十二、童貞でも結婚できる！

童貞の時期が長くなると「このまま一生独り身かも……」と暗くなってしまうかもしれません。しかし、私には、童貞だった男性と結婚した友人が何人かいます。インターネットで出会った童貞くんと、数年つき合って結婚した女性もいれば、30代になってから、同じく30代の童貞男性と出会い、すぐ結婚……というパターンなどさまざま。彼女たちは元モデルだったり、アイドル顔だったりと、男性からしたら憧れであろう特徴を持っている女性たちです。これって、夢のある話ではないでしょうか？　こうすればあなたも結婚できる！　なんてことは言えませんが、結婚したいと思っているなら「絶対結婚しない」なんてひねくれず「いつか結婚できるでしょ」なんて気楽に考えていいのだと思います。

おわりに

筆者にとっての初めての男性向け書籍、気に入っていただけたでしょうか？

私はとっても楽しく執筆することができ、取材をさせていただいたオクテ男性くんたちと遊ぶ予定まで決めてしまいました。それは、取材をさせていただいた男性たちが本当にピュアで、放っておきたくないと思ってしまったから。でも、一応、私は既婚者ですから、節操を持ち「サークル活動」と称して、独身男女が気軽に集える場所を提供しようと考えています。それくらい私は、本気で、彼らにいやされ、独身女性たちにおすすめしたいと感じたのです。

これまでみなさんが、女性にご縁がなかったのは、こんな“おせっかいババア”、いいえ、“おせっかい姉さん”がいなかったことが理由かもしれませんね。昔だったら、きっと、見合い話を持ってきてくれる誰かが身近にいたはずですから。まずは、みなさんの身近にも、おせっかい姉さんや兄さんが見つかることを心より祈っております。

そして、信頼できるパートナーができたら、是非お知らせください。お待ちしています♥

ピンク先生

参考文献

『男子の貞操：僕らの性は、僕らが語る』
坂爪真吾・著（ちくま新書）
『オクテ男子のための恋愛ゼミナール』
アルテイシア・著　宋美玄・監修（永岡書店）
『ずぼらちゃんのSEXバイブル
女性ホルモンで愛されるからだ』
松村圭子・著　花津ハナヨ・イラスト
（ソフトバンク クリエイティブ）
『夜のマナーブック〜誰も教えてくれなかったベッドのお作法』
ピンク先生・著（祥伝社）
『人間の性反応ーマスターズ報告1』
V.E.ジョンソン・著　謝国権・翻訳（池田書店）

Thanks

ミニー、セロリ、えみたん、れこ、ブルーベリー、ひまわり、りんご、いずみ、Erika、よょ、ロッテ、にゃぁ、れい、B子、まんだりん、Kimama、美園鈴華、bebe、あんこ、ローション博士、む〜みん、レッド、みどりこ、C、くり子、レモン、ももお、もも、T、もふもふ、nya、mie、S子、おやゆび、ゆっき、GG、ロミオ、nami、めぐ、まーと、バンビ、としくん、ニキータ、あっ君、ぱっそ、スプリンターの人、kanon、ずま、べんべん2812、K、ギン、そっとん、Dr.G、じゅん、sayuri、mary、貧脚チャリダー

Special Thanks

やっさん、ワダケイ、ハズバンド

ピンク先生

女性。ロマンスライターという肩書きで、女性誌のLOVE＆SEX記事や書籍の企画・制作を行う。2007年よりセックスセラピストと共同で、女性だけで性を語る『セクシャルセンスアップヒーリング会』を主宰。女医、風俗嬢、モデル、OLなど、あらゆる職業・年代の女性への取材で、さまざまな性のあり方、悩みを、拾い続けてきた。本書は、女性の知られざる本音をたっぷり詰め込んだ、著者初の男性向け書籍。プライベートは、自らがハンターなので、男性に口説かれるのが大キライ。しかし15年ぶりに再会した男性に、唐突にプロポーズされ、2012年にうっかり結婚。夫をざっくり説明すると、女性よりもモンスター狩りに夢中な、人見知り系モンハンオタク。著書に『夜のマナーブック〜誰も教えてくれなかったベッドのお作法〜』(祥伝社)、『がんばらないセックス〜週1愛され続ける女の秘密〜』(マガジンハウス)など。

装画　師走の翁
装幀　ウチカワデザイン
DTP・校正　タクトシステム株式会社

男子のためのラブテクニック

●協定により検印省略
著　者　ピンク先生
発行者　池田 豊
印刷所　凸版印刷株式会社
製本所　凸版印刷株式会社
発行所　株式会社池田書店
東京都新宿区弁天町43番地(〒162-0851)
電話03-3267-6821 (代)
振替00120-9-60072

落丁、乱丁はお取り替えいたします。

ISBN978-4-262-16545-5

1500002